挑战完美主义

优化青少年成长的心理指导手册

［英］唐·斯塔利
（Dawn Starley）

著

成 琳 林 磊
谌 誉 何诗雯

译

CHALLENGING
PERFECTIONISM

An Integrative Approach for Supporting Young People
Using ACT，CBT and DBT

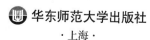华东师范大学出版社
·上海·

图书在版编目（CIP）数据

挑战完美主义：优化青少年成长的心理指导手册 /
（英）唐·斯塔利著；成琳等译.—上海：华东师范大
学出版社，2023
ISBN 978-7-5760-3960-3

Ⅰ.①挑… Ⅱ.①唐…②成… Ⅲ.①青少年-心理
健康-健康教育-手册 Ⅳ.①G444-62

中国国家版本馆CIP数据核字（2023）第115147号

上海市版权局著作权合同登记　图字：09-2021-0748号

挑战完美主义：优化青少年成长的心理指导手册

著　　者　唐·斯塔利
译　　者　成　琳　林　磊　谌　誉　何诗雯
责任编辑　白锋宇
责任校对　李琳琳
装帧设计　刘怡霖

出版发行　华东师范大学出版社
社　　址　上海市中山北路3663号　邮编 200062
网　　址　www.ecnupress.com.cn
电　　话　021-60821666　行政传真 021-62572105
客服电话　021-62865537　门市（邮购）电话 021-62869887
地　　址　上海市中山北路3663号华东师范大学校内先锋路口
网　　店　http://hdsdcbs.tmall.com

印　刷　者　上海展强印刷有限公司
开　　本　787毫米×1092毫米　1/16
印　　张　14.25
字　　数　193千字
版　　次　2023年10月第1版
印　　次　2023年10月第1次
书　　号　ISBN 978-7-5760-3960-3
定　　价　49.80元

出　版　人　王　焰

（如发现本版图书有印订质量问题，请寄回本社客服中心调换或电话021-62865537联系）

谨献给苏菲，我的"完美搭档"；

玛格特和泰迪，我很自豪能成为你们的妈妈；

还有雨果，谢谢你选择了我。

最后，献给那些曾经因"完美主义"想法而觉得自己

"不够好"的人。你是你，做回你自己。

目 录

免责声明

本书是在对当前关于学生完美主义的学术文献和大众文化进行回顾分析，并与一些专业人士（包括教育心理学家、儿童和青少年精神科医生、艺术心理治疗师、认知行为治疗师、辩证行为治疗师、整合取向心理咨询师和人格障碍方面的心理治疗首席专家）进行讨论之后撰写的。此外，它基于我的博士论文《探索和挑战英国四所优秀中学中的完美主义》和相关文章《完美主义：一个具有挑战性但值得研究的教育心理学领域》（Starley，2018）。我已尽一切努力去参考各种可能的信息来源。

必须指出的是，关于支持高完美主义倾向学生的文献非常少；本书代表了一种早期尝试，将世界范围内已知的知识结合起来，为学校和家庭提供实际帮助。它使用包含认知行为和心理动力学原理的框架，非常重视对学生的系统支持，以及帮助学生发展个人能力，主要是应对技巧（包括接受生活挑战）。

撰写本书源于我在一所独立女子文法学校就读的经历，以及所从事的青少年心理健康支持和课堂教学工作。我从中意识到"完美主义"学生是一个具有潜在风险的群体，也许会在将来面临心理健康问题，并且目前可能在学校中得不到足够的支持。本书旨在增加学校和家庭对这些学生的认识，并考虑如何更好地支持他们的需求。

"最优主义"的理念是泰勒·本-沙哈尔（Tal Ben-Shahar）在他2009年出版的《追求完美》（*The Pursuit of Perfect*）一书中提出的。有兴趣的读者可以阅读此书，具体信息可见本书"延伸阅读"部分。

前　言

　　写一本关于完美主义的书确实是一项艰巨的任务。人们会期待一本完美的书还是差不多接近完美就可以呢？

　　要是拥有写书的"完美"条件该多好：有无限的时间；不必分心，不受打扰，无须应对突发事件、繁忙的工作和复杂的生活；有舒适的工作空间、可靠的技术支持；有健康的身体和源源不断的创意。

　　但这不是生活。

　　这不是真实的世界。

　　现实世界是混乱、不可预测的，为了获得有利于自己的解决方案需要必要的妥协。这本书是利用照料孩子和宠物之外的零碎时间写成的，其间还有带孩子和宠物就医的意外经历。在撰写过程中，我还要在努力工作、照料生病的伴侣和陪伴孩子成长之间寻求平衡……这需要极强的自律性。深夜，我抛开其他一切事情，在我最亲近的人毫无保留的支持下（哪怕他们厌倦了关于完美主义的相关事务），全身心地投入到本书的撰写中。

　　也许不"完美"，但却是完整的。目标实现，任务完成！

　　这就是本书完成的过程。有生活的"混乱"，有可以控制的部分，也有力所不能及的地方。我们可以掌控发生在我们身上的事情、因我们而发生的事情，以及可能最重要的是，掌控我们的内心。不必等待"完美时刻"，而是在当下所拥有的基础上做到最好。同时，明确而有目的地规划时间。只有当我们放弃对"完美"的追求时，我们才能拥抱真正的创造力。伴随着创造力而来的是超越了基本生存的自由和对生活真正的享受。

专业兴趣……

在我的整个职业生涯中，我一直明显地感受到完美主义的存在。在我担任心理健康支持人员期间，它出现在来访者中；在我从事助教工作期间，它出现在有特殊教育需求的学生中；在我担任教师期间，它出现在那些没有任何明显额外需求的学生中。现在我作为一名教育心理学家，几乎每天都在学校教职工、青少年或他们的父母，或者我们周围的文化中发现完美主义的身影。我的职业令我意识到迫切需要对学生群体及教职工群体中展现出的"完美主义"作出明确的回应，因为令人难过的是，对教职工和青少年的期望越来越高，儿童心理健康问题不断增加，一些家庭和学校期待改变现状却因不知道如何在有限的资源内做到这一点而感到沮丧。尽管许多学校宣称在政策上和实践中提倡"成长型心态"的文化，但这对于像完美主义这样根深蒂固的思想以及在如此压力巨大的成就导向文化中究竟能有多大效果值得商榷。改变需要更多的支持和资源，需要一些不一样的思路。

这就是我撰写本书的目的；我在攻读博士期间对青少年完美主义问题进行了探究，从已有的研究中总结出理论和实践相结合的指导框架。一方面，我参考了一系列教育和心理健康专业人士的专业知识（请参阅附录A了解更多信息），另一方面，我整合了从教育学、儿童和社区心理学、应用法医心理学、正念、接受承诺疗法、认知行为疗法、辩证行为疗法、绘画和谈话疗法、艺术治疗、危机支持、督导、心理健康和精神病学等方面获得的知识。本书中的策略是在综合各种理论的基础上精心提炼的，并得到了研究的支持，同时那些经常与受完美主义影响的青少年打交道的专业人士也为这些策略的形成提出了宝贵意见。因此，本书为挑战完美主义提供了一条充满希望的路径，并且为将来的研究奠定了基础。

就我个人而言……

很自豪地说，我对完美主义的研究充满热情，因为我是一个"正在恢复中的完美主义者"（recovering perfectionist）。这个幽默又略带辛酸的短语引用自我博士研究中的一位成年参与者，在我们的讨论中，完美主义的恢复与药物成瘾和康复之间没有什么不同。这也是本-沙哈尔在他的书籍《追求完美》中使用的一个短语，它极大地塑造了我自己的生活方式以及本书中的概念。

作为一名家长，我已经明白抛弃完美主义信念的必要性，并用更健康和实用的态度取而代之。这有助于我在抚育两个年幼孩子（其中一个患有遗传疾病，需要特殊的医疗照料）、支持伴侣开展新的事业，以及作为教育心理学家向地方当局提供称职的服务中保持良好的状态。更不用说生活中的其他"责任"，诸如成为一个好朋友，为大家庭作出贡献，尽可能促进积极的社会变革，并努力保持健康的饮食、锻炼和睡眠习惯。生活是一种复杂而微妙的平衡；如果要在尚未具备相应技能或适当环境的情况下同时应付多种事务，那么不可避免地要丢弃一些东西。

我仍然注意到自己偶尔会产生无益想法或钻牛角尖。有时我会发现自己很紧张，并意识到我在推开情绪而不是允许我自己真正感受它们。但是意识到这些事情的存在是巨大的进步，这样我就有方法来挑战它们。我知道这些方法正在奏效，因为总的来说，我对自己和生活的态度比以前要健康得多。我每天都要应对复杂的工作和生活并努力平衡它们。我会有效地利用时间，根据我的价值需求确定优先顺序，因此能够享受充实的工作和个人生活。我使用的方法帮助我远离完美主义，朝着更健康的生活迈进。兼具成功和幸福是可能的。我由衷地相信本书中分享的挑战完美主义策略的力量，也希望它们对你和青少年同样有价值。

感谢……

我的博士研究得到了很多人的帮助，尤其是我的导师安德鲁·理查兹博士和马丁·莱文森博士，没有他们，就不会有这本书的出版。他们相信我对改变世界的热情，并帮助我采取恰当的方式来做到这一点。也非常感谢雪莉·拉金博士、玛格丽特·滕布里奇和杰西卡-金斯利出版公司的每个人，他们帮助我打磨书稿并使其顺利出版。此外，我要感谢所有帮助我真正理解完美主义深度和广度的学生、老师和家长（包括我自己），以及帮助我"发现"挑战完美主义策略的专业人士。你们都是这本书的一部分。

在本书的成文过程中，我不能不提到两位作者，他们在我的世界中已是"大师"一般的存在：泰勒·本-沙哈尔向我介绍了"最优主义"的理念，这于我而言是全新的概念；布琳·布朗（Brené Brown）勇敢而真实地探讨了羞耻和脆弱问题，以及如何在我们的课堂上变得"大胆"。我还没有机会亲自见到你们中的任何一个，但你们教会了我很多，再次感谢你们。

最后，感谢我的重要的社会支持网络，他们一直陪伴在我的身边，丰富了我的生活，让我明白虽然我可以表现得"非常独立"，但我不必总是独自一人。感谢给予我力量的大家庭和小家庭，尤其是爸爸、索菲和普萨，当然还有对妈妈的记忆。感谢我忠实的朋友赛迪、西沃恩和珍妮，他们总是接纳我，感谢我睿智、正直的督导山姆、玛吉和珍妮，他们在培训后成为我可以分享快乐和挑战的朋友，感谢我出色的治疗师戴安娜和卡特；你们让我的世界变得更美好。也许我最珍贵的感谢要给予一位非常特别的女士：希拉·诺埃尔·德费恩·埃奇·摩根·斯卡贝克伯爵夫人。在您的家里我感到如此受欢迎。正是在这里，在您的"精神食粮"和关于精神分析、政治和哲学的谈话中，我的脑海中关于本书的想法才变得栩栩如生。谢谢您！

挑战完美主义：优化青少年成长的心理指导手册

对于你，读者……

无论我们的年龄、经验、资历或智慧如何，总有一些东西还需要学习。我希望你喜欢阅读这本书的过程，并有所收获，更好地对待身边的青少年。我也希望你有信心应对完美主义，因为我在书中提及的挑战完美主义的策略，不仅源于我作为心理学家所知道的研究、实践和科学理论，而且也是于我而言行之有效的方法。

引　言

完美主义的复杂世界

完美主义是一个具有挑战性的话题。

第一，完美主义没有一个通用的定义，事实上，对于可能相似或不相似的概念，有着许多不同的描述术语，例如：

- "正常的"和"神经质的"完美主义；[1]
- "积极的"和"消极的"完美主义；[2]
- "适应性的"、"适应不良的"和"非"完美主义；[3]
- 简单的"完美主义"。[4]

出于本书的目的，我聚焦在一些研究人员可能会描述为"适应不良的""神经质的"或"消极的"完美主义的问题上。我更愿意将其简单地视为"完美主义"，因为我同意研究者格林斯邦（Greenspon）的观点：[5]认为完美主义可能存在任何积极或健康影响的想法是无益的，它实际上可能是一个破坏性循环的一部分。书中我会对此作详细介绍。

我的定义还涉及"社会规定的"完美主义，即"认为他人要求自我完美"[6]或"评价性关注"完美主义——"个体受到来自社会环境压力的动机和价值观的影响"而导致负面心理表现。[7]这表明完美主义不仅与负面结果有很强的联系，而且受到"他人"和"社会环境"压力的影响，要考虑系统干预的可能性。

研究完美主义的第二个困难在于锚定目标研究对象。那些参加研究的学生通常有很大的改变动力，或至少对自己有更多的了解，但他们不能代表那些因为害怕暴露而不愿寻求帮助的学生，[8]或那些未意识到自己存在困难的学生。此外，大多数研究使用自我评价量表来衡量完美主义，并不能保证被试会诚实作答或认真反思，同时由于不同的研究使用了不同的评分量表，无法对结果进行简单比较。而且研究的样本量通常很小，这也可以说是一个挑战。还有参与者往往限于高等教育人群，一般是那些被认为"有天赋"的人。这显然漏掉了相当一部分学生——他们不仅更年轻，而且可能不被认为具有很强的能力。大多数完美主义研究对象是临床上的成年人，这可能强调了早期干预的重要性，以及更好地了解青少年完美主义的必要性。

尽管存在种种困难，但完美主义仍然是一个重要的研究领域，越来越受到人们的关注，因为越来越多的研究发现完美主义可能与一系列负面影响有关。不过也存在一些反对的声音，即认为完美主义可能是有益的。我接下来将对此作简要阐述，并在第2章和第3章中进行更详细的讨论。

风险和预期收益

在现有的完美主义研究中，一个重要议题是完美主义的问题表现，特别是与青少年和成年人一系列心理健康问题的发展和延续有关。[9]以下问题与高完美主义倾向显著相关：

- 焦虑；[10]
- 抑郁症；[11]
- 强迫症；[12]
- 进食障碍；[13]

挑战完美主义：优化青少年成长的心理指导手册

- 自闭症谱系障碍，[14]包括阿斯伯格综合征；[15]
- 注意缺陷多动障碍。[16]

完美主义和自杀之间的高关联性尤其令人担忧。自杀是青少年[17]死亡的主要原因之一，可能对家庭和社区造成毁灭性影响。我撰写本书的一个重要前提是，高完美主义倾向和自杀之间日益密切的联系被严重低估；[18]最近有研究指出这可能是一个比以往认为的更大的风险因素。[19]

美国、澳大利亚和英国的年轻人（15至24岁）的自杀率处于十多年来的最高水平，其中新西兰的青少年自杀率是发达国家中最高的。[20]英国的一份报告显示，近三分之一的年轻人曾考虑或企图自杀，[21]并列举了可能与完美主义有关的因素：学业压力、感觉自己很失败、对未来的恐惧、缺乏信心和孤立感。[22]这在年轻男性（对他们而言，自杀是死亡的主要原因）中尤为明显，因为在保持自己完美胜任形象的完美主义需求之下，可能很难发现自杀意图和个体的脆弱性。[23]对心理健康问题和自杀倾向保密，这是公认的青春期特征，[24]对于那些自我污名化（认为自己没有能力）的人来说这种情况可能会加剧，而他们的成就或许会转移人们对其不胜任感和自毁倾向的注意力。[25]此外，在学校中表现得较为合作和顺从的学生，可能也和那些高完美主义倾向的学生一样，或许会因为表现出色而被忽视，并因隐藏的心理困扰而采取冲动行为。

弗莱特（Flett）和休伊特（Hewitt）是完美主义的主要研究者，他们将完美主义与自我批评、自我怀疑和自杀之间的联系描述为一个亟需解决的重要公共卫生问题，[28]但很少有人了解这一点，或知道如何应对学校教职工、家长或青少年等群体表现出的完美主义。本书旨在填补这一空白。

令人困惑的是，有一种观点认为完美主义是一种积极的特质。一些研究人员将完美主义与成就联系起来。如果人们认为完美主义是帮助人们取得成功的原因，那么它就可能会得到强化，尽管存在相关风险。本书的观点与完美主义研究领域几位著名研究人员的观点一致，认为不存在"积极的完美主义"，任何与完美主义相关的"好处"都可能是短暂的，而对个体健康功能的损伤却是持久的。这将在第3章中详细讨论。

为何需要这本书

在作博士研究时，我找不到从系统的角度介绍完美主义的明确指南，也没有任何专门针对英国背景的相关内容。但作为教育心理学家，我经常遇到父母和老师提出解决学生完美主义问题的诉求，并对任何相关指导表示感谢。缺乏学校背景下的完美主义意识、理解和干预的研究是一个重大问题，因为学生是潜在的弱势群体：

- 如果他们在学校期间表现良好且成绩优异，则不太可能获得其他专业机构辅导的机会。
- 如果他们不是，则不太可能被视为"完美主义者"，所以他们潜在的困难可能会被遗漏或误解。

学校是青少年心理健康治疗的主要阵地，[29]并且似乎是干预的天然场所。[30]因为教师花费大量时间与青少年在一起，有机会获得专业资源，所以能够在整个上学期间提供充分的支持。学校在塑造学生形成关于成就和努力的健康信念方面发挥着重要的环境作用，同时引导学生积极挑战关于接纳和自我价值的无益认知，这些认知可能会导致影响表现的焦虑。由于高完美主义倾向的学生不愿在需要时寻求帮助，因此弗莱特和休伊特（Flett 和 Hewitt，2014）认为学校需要采取积极主动的方法来确保能够满足弱势学生的需求，例如传递诸如"寻求帮助不是弱点"的信息，并且对那些表现异常出色但似乎与普遍存在的压力源和挑战不一致的学生保持高度警惕。然而，这些研究者提出的"理想预防计划"——由学校帮助学生降低他们的标准，

挑战完美主义：优化青少年成长的心理指导手册

可能会在我们当前"以结果为导向"的教育环境中遇到阻力。不过，他们关于让家长参与干预的建议与当前的教育思想高度一致。本书也对父母有所启示，指导他们在帮助孩子形成健康情绪和促进成功结果方面发挥重要作用。

我对完美主义持生态系统观点，这与格林斯邦的观点一致。也就是说，完美主义是主体间性的，"产生于两个人或更多人的经验世界之间的相互作用"，而不是完全来自学生内部的动机。至少在英国，存在一个社会问题，即有超过一半的成年人如果怀疑自己有心理健康问题，就会缺乏接近孩子的信心，以防出错；[32] 这在父母和教师中可能也同样适用，特别是在没有提供特定培训的情况下。几乎没有证据表明在初始教师培训课程中包含完美主义的应对策略，因此可以假设可能教师没有意识到应对完美主义的需要，或者对于培训教师来说，完美主义的优先级低于其他"问题"。我知道目前没有提供专门针对完美主义的教师或家长培训课程，并且如前所述，没有针对学校教职工和家长的明确指导。基于心理动力学的视角，教师自身的完美主义程度和经历很可能会影响他们对高完美主义倾向的学生的态度，但该领域的研究仅涉及教师的完美主义、专业成就[33]和倦怠[34]，而不是完美主义如何在关系层面上影响他们的教学实践。

父母对完美主义的理解和认识程度也不得而知；他们的态度也可能受到他们自己的完美主义程度和经历的影响。相对更容易获得的是关于父母对更普遍的情绪健康的知识和理解的信息，这代表着父母对情绪健康的高度关注。例如，"Action for Children"的研究表明，英国父母，尤其是母亲，相比其他任何健康问题，更为担心孩子的情绪健康。[35] "Young Minds"最近的一项调查发现，三分之二的父母对缺乏可用资源来支持有心理健康问题的青少年感到担忧。[36] 然而，"Place2Be"的一项调查发现，5—18岁儿童的父母中有近三分之一承认，如果他们的孩子想要在学校接受咨询，他们会感到尴尬，而即使孩子提出要求，仍有五分之一的父母不会鼓励他们的孩子接受学校咨询。[37] 因此，需要一种更系统的方法来解决完美主义，而不会损害年轻人或其家人的名誉。

在当前的教育环境和社会氛围下，本书对于青少年、家庭和学校都是适用的。我希望本书能够给英国的学校和家庭带来价值，因为没有其他资源可为学校提供关于此特定议题的支持。当然本书中的解释、理解和策略也适用于世界其他地方；无论文化如何不同，这些想法在学生中具有普遍性。欢迎英国读者或国外读者提供反馈，对本书的未来版本提出编辑建议。

缺乏早期或系统性干预

有证据表明完美主义的程度会随着时间的推移而增加，[38]并且针对成年人的"治疗难度普遍较大"。[39]美国关于学校、家长和儿童的许多资料中都提倡早期干预，[40]但对此几乎没有进行系统性的探索。正如现有研究文献中占据主导地位的高等教育研究所显示的那样，完美主义者更有可能成为高成就者，他们不太可能在需要时寻求支持，并且或许只有在离开学校后才会出现心理健康问题，这样学校就无法帮助这些"处于危险中"的学生，因为他们在学校里也许没有出现真正的问题。然而，作为一名注册教育心理学家，我在工作中了解到许多学生在临近公开考试时会表现出类似完美主义的问题行为，学校对此却无法提供有意义的支持，所有相关人员都感到沮丧，并最终导致学生成绩不佳。因此，后进生可能也有较高的完美主义倾向！

研究表明，系统性干预的方式很少，但相较于青少年自己的努力，成年人能够帮助青少年更容易改变自己。在存在强大的防御机制（包括缺乏自我意识）的情况下尤其如此。缺乏早期或系统性干预是非常令人担忧的，其实只需很少的培训或资源就可以做很多事情！我希望这本书提供了一个易于理解的策略说明，使任何从事青少年工作的成年人都可以使用这些策略。书中也有青少年自己可以使用的应对策略，我希望这些策略都易于理解和应用，以便早期干预能够有效。

本书采用流行的心理治疗干预方法，旨在从三个方面支持青少年的心理健康：

- 减少高完美主义倾向；
- 挑战可能会促进或强化完美主义的观点；
- 提升完美主义的"积极对立面"水平。

当读者通过后续章节的阅读对完美主义有了深入理解时，就会明白本书提供的策略是"有意义"的。然而，必须指出的是，目前还没有任何实质性的研究支持这些策略的整合运用在高完美主义倾向的年轻人身上是有效的。正如我在《实践教育心理学》杂志上发表的博士研究的第一部分内容所强调的那样，我们迫切需要关于"哪些因素对高完美主义倾向的青少年有效"的高质量研究。[41]我的博士研究的第二部分内容（未发表）表明，英国4所学校和32名参与者，以及来自不同健康和教育背景的9名专业人士对这些策略的反应是非常积极的。此处概述的这种整合方法，为挑战完美主义和改善弱势青少年的成长提供了希望。需要注意的是，完美主义在研究领域的验证方面还处于起步阶段，我欢迎任何研究人员从事这项工作。

当前的环境

学校在让所有学生达到高学业标准方面承受着越来越大的压力。[42]在英国，这是一种系统性的压力，因为英国教育标准局（Ofsted）的"令人满意"类别已被更苛刻的标签所取代："需要改进"，这对学校影响深远，包括可能会解雇高级领导，以及由于学院和绩效相关开销的增加而给员工带来压力。英国的教学联盟表示，教育系统内的变化给学校社区带来了"不必要的压力"。[43]在考虑教学和学习的心理动力学影响时，最近的新闻报道表明"教师的压力水平"也很重要。[44]这既适用于组织心理动力学，例如奥布霍尔泽和罗伯茨（Obholzer和Roberts，1994）在"人类服务"中的探索，也适用于个人层面的心理动力学，例如萨尔茨格–维滕堡等人（Salzberger-Wittenberg，Williams和Osborne，1999）的讨论。这些额外的压力因素对高完美主义倾向的学生的影响尚未得到探索。然而，基于对适用于个人和团体的心理动力学理论的理解，我发现了一个需要关注的潜在领域：这种压力环境可能会使那些高完美主义倾向的人面临精神疾病的风险。由于自己的压力已经很大，而一个人能承受的压力只有这么多，也许来自内部和外部的压力对于某些人来说难以承受。

许多研究者对于高成就人群中的完美主义的研究特别感兴趣，对于成就是鼓励完美主义[45]还是作为预防[46]"适应不良完美主义"的保障存在争论。如果高完美主义倾向的学生是高成就者，学校可能就不会注意到或者忽视这些学生内化痛苦的迹象，因为他们作为"明星学生"对学校具有很高的价值；[47]其他学生可能会表现出对情感支持的更大"需求"，教职工甚至可能担心，如果将资源用于解决高成就者的情感健康问题，那么这些学生的学业成就会下降。

学生情绪健康是当前学校关注的优先事项，对此，Ofsted更加注重保障，以及干预措施的普及，例如心理恢复（Thrive）、培育小组（Nurture Groups）、正念和ELSA（情绪素养支持助理）。学校认为主要难点在于能够在提高成绩和改善情绪健康之间取得平衡。班纳森和博克萨尔（Bennathan和Boxall）在他们为教师提供的"培育小组"材料中指出，对于年幼的孩子，"情感和认知的发展……不能被单独考虑"。[48]年长学生的认知发展也可能受益于他们的情绪健康得到照料，这一点从马斯洛（1970）的人类需求层次模型中可见一斑，该模型在当代教育心理学中仍然很受欢迎，并得到了更多的探索。

对情绪健康的关注在全球范围内亦有体现。例如，在加拿大，最近的一篇新闻报道指出"对成就的过度关注正在摧毁教育"，[49]学校领导面临着在有限的预算内提高成就数据的压力，并强调这会导致"忽视文化"。美国的一篇新闻报道描述了"学校隐藏的心理健康危机"，[50] 指出学生的焦虑水平特别高，而学校满足这些情绪健康需求的资源却在减少。梅雷迪（Meradji，2018）解释说，心理健康已成为"当务之急"，并描述了加州学校引入"心理健康课程"以解决这一问题的措施，敦促所有美国学校实施这种方法。在澳大利亚，人们认识到"心理健康教育在澳大利亚课程中仍然是象征性的存在"，[51] 临床心理学家曼宁（Manning，2017）强调澳大利亚学生需要学习良好心理健康所需的实践技能，而不仅仅是理论。很显然，情绪健康在国际范围内已越来越重要，关于如何以有限的资源更好地支持这一点的辩论正在进行中。

在教育和情绪健康方面，高完美主义倾向与以下情况有关联：

· 拒学/厌学；[52]
· 失眠；[53]
· 头痛；[54]
· 愤怒的反社会表达，[55] 包括身体和言语攻击。[56]

正如已经提到的，存在一个矛盾观点，高完美主义倾向也与成就、投入度、情绪健康和积极成果有关。[57] 对于我们这些在青少年的人生中扮演重要角色的人来说，这种差异是一个相关问题，不是因果问题；我们作为"关键成年人"选择如何应对，可能取决于我们自己对完美主义的风险和好处的看法。我们如何反应可能会挑战或强化青少年的完美主义。我们有很大的影响力！

弗莱特和休伊特断言完美主义"在儿童和青少年中非常普遍"，[58] 有数据支持这样的建议，即在国际上，超过四分之一的学生是"适应不良的完美主义者"。[59] 关于这个议题的规模并不完全清楚，因为不同文献中对完美主义的定义是混淆的，对完美主义的起源以及它是否有益或有害存在争论，以及对如何衡量和"对待"不同定义存在冲突。虽然如此，但受完美主义影响的学生可能比以前想象的要多，而且引发了许多学校会关注的问题，特别是它与自闭症谱系障碍、注意缺陷多动障碍、焦虑和厌学的关联。因此，提高学校教职工和家长对完美主义风险和相关个人需求的认识，是促进积极变革的关键。

越来越多的儿童正在服用抗抑郁药，而儿童和青少年心理健康服务（CAMHS）的等待时间往往长达数月。学校对儿童心理健康的关注反映了当前的政策议题；英国国家医疗服务体系（NHS）和卫生部的官员认为，随着资金和学校投入的增加，它应该成为国家的目标。[60]他们认识到几十年来对该议题的资金投入不足[61]，英国在校学生压力和相关心理健康问题的比率也在增加。[62]例如，两个大型教学协会指出由于专项支持的减少，学校难以应对越来越多的学生自残现象。[63]此外，近年来，社交媒体对年轻人心理健康的潜在有害影响引起了人们的特别关注，正如《卫报》中所强调的：

> 社交媒体正在损害青少年的心理健康……追求完美和永远"在线"的压力是压倒性的。[64]

高完美主义倾向的学生可能是其中最脆弱的，因为他们具有自我诱导的压力和自我挫败的归因，以及存在进食障碍和自我伤害的相关风险。[65]

最近有大量资金投入儿童服务和NHS，以更好地满足心理健康需求，这支持了从长远来看早期干预更有利于个体发展的论点。[66]从根源上解决心理健康问题有助于确保公共服务在长期内保持可持续性。[67]这很重要，因为大约有一半存在心理健康问题的成年人在15岁之前就遭遇了困难。[68]学校需要更早地开展心理健康干预和正规辅导，特别是考虑到我们的儿童和青少年心理健康服务面临的压力越来越大。[69]许多可以从心理支持中受益的学生可能无法达到获得服务所需的门槛，或者他们的自我呈现和自我隐藏[70]意味着他

挑战完美主义：优化青少年成长的心理指导手册

们不太可能在需要时寻求帮助。[71]这种否认需要帮助或不愿寻求帮助的态度，再加上一个令人震惊的事实——那些高完美主义倾向的人比其他人更有可能完成自杀企图，因为他们有"彻底而精确的自杀计划"，[72]这种双重风险可能会使高完美主义倾向的学生变得非常脆弱。特殊教育需求和残疾的社会、情绪和心理健康类别[73]的引入进一步承认了这一事项的政治优先级，并有助于学校更加了解这些"隐形"的条件。这在某种程度上有助于消除感知到的尴尬，增加发现迹象并采取行动的可能性。[74]

据媒体报道，学童压力和相关心理健康问题的比率增加，[75]包括自残、焦虑和抑郁的增加，[76]与完美主义高度相关的条件，[77]以及高成就学生自杀案例，[78]对此，家长也逐步意识到对学生心理健康和情绪健康的关注。

综合以上考虑，我写了这本书，目的是让你：

· 对青少年的完美主义有更多的了解和理解；
· 提高对与完美主义相关风险的认识；
· 使用一系列有效的策略来引导高完美主义倾向的学生形成更健康的生活方式。

本书分为八章：

· 第1章介绍了完美主义的概念。
· 第2章强调了与高完美主义倾向相关的风险。
· 第3章解释了完美主义的虚假好处。
· 第4章探讨了完美主义的"积极对立面"。
· 第5章从更大的层面探讨了完美主义文化及其对学校和家庭的影响。
· 第6章为成年人提供支持高完美主义倾向学生的实用指导，包括支持的原则和目标。
· 第7章为成年人提供了实用的"ABC"策略，以挑战完美主义并支持学生采取更健康、"最优"的态度。为给高完美主义倾向的学生提供更大支持，本章最后还附有"快速指南"和全校活动方案。

- 第8章为准备好并愿意尝试新事物的青少年提供了类似的"ABC"策略，以及指导青少年如何将这些策略进行应用。

- 附录中还提供了一系列资源，并为感兴趣的读者提供了完整的参考资料和延伸阅读书目。

总而言之，无论你是否同意我的想法，我都会很高兴收到那些对该主题感兴趣的人的来信。事实上，如果你有其他观点和看法，那就更好了。能够以开放的心态面对挑战，允许自己足够脆弱，冒可能犯错、可能不知道所有的答案甚至可能因为自己的观点而被讨厌的风险，这是完美主义正在弱化的标志，取而代之的是对世界更健康的态度。让我们开诚布公地交流，帮助心理学、教育和生活这个迷人领域向前发展。

你可以通过领英（LinkedIn）或脸书（Facebook）上的专业页面直接联系我，或通过以下电子邮件联系我：Dawnstarley@icloud.com。

注释

1. Hamachek (1978).
2. Chan (2007).
3. Gnilka, Ashby and Noble (2012).
4. Beevers and Miller (2004).
5. Greenspon (2000).
6. Flett, Hewitt and Cheng (2008, p.196).
7. Mallinson *et al.* (2014, p.975).
8. Onwuegbuzie and Daley (1999).
9. Egan, Wade and Shafran (2011).
10. Blankstein and Lumley (2015).
11. Affrunti and Woodruff-Borden (2014).
12. Park *et al.* (2015).

13. Boone, Claes and Luyten (2014).

14. Greenaway and Howlin (2010).

15. Fung (2009).

16. Conners *et al.* (1998).

17. Snaith (2015) and the World Health Organisation (2019).

18. Flett (2014).

19. Nauert (2014).

20. 美国：Miron *et al.* (2019); 澳大利亚：Longbottom (2016); 新西兰：McConnell (2016); 英国：Mohdin (2018).

21. Owen (2013).

22. Royal College of Paediatrics and Child Health (2015).

23. Törnblom, Werbart and Rydelius (2013).

24. Friedman (2006).

25. Sorotzkin (1998).

26. Albano, Chorpita and Barlow (2003).

27. Bolton *et al.* (2008).

28. Flett and Hewitt (2012).

29. DeSocio and Hootman (2004).

30. Cheney and colleagues (2014); Flett and Hewitt (2014).

31. Greenspon (2000, p.207).

32. Snaith (2015).

33. Fusun and Cemrenur (2014).

34. Comerchero (2008).

35. Burns (2015a).

36. BBC News (2015).

37. Snaith (2015).

38. Siegle and Schuler (2000).

39. Shafran and Mansell (2001, p.900).

40. 例如，Adelson and Wilson (2009); Burns (2008); Pett (2012).

41. Starley (2018).

42. Moon (2006).

43. Ratcliffe (2014).

44. Precey (2015).

45. Morris and Lomax (2014).

46. Neumeister (2004).

47. Hartley-Brewer (2015).

48. Bennathan, Boxall and Colley (1998, p.14).

49. Kunin (2017).

50. Mahnken (2017).

51. Manning (2017).

52. Atkinson *et al.* (1989).

53. Azevedo *et al.* (2010).

54. Kowal and Pritchard (1990).

55. Hewitt *et al.* (2002).

56. Öngen (2009).

57. 例如，Jowett *et al.* (2016); Lundh (2004); Wang, Yuen and Slaney (2009).

58. Flett and Hewitt (2014, p.899).

59. Chan (2009); Rice, Ashby and Gilman (2011).

60. Triggle (2015).

61. Cooke (2014).

62. Burns (2015b).

63. Whitworth (2015).

64. Udorie (2015).

65. Dour and Theran (2011); O'Connor, Rasmussen and Hawton (2010).

66. Cooke (2014).

67. Burns (2015a).

68. Booth (2016).

69. Buchanan (2015).

70. Flett and Hewitt (2014).

71. Mackinnon, Sherry and Pratt (2013).

72. Smith *et al.* (2017).

73. DfE (2014).

74. Snaith (2015).

75. 例如，*The Guardian* (2014).

76. Samaritans (2015); *The Times* (2015).

77. Afshar *et al.* (2011); Essau *et al.* (2008); O'Connor, Rasmussen and Hawton (2010).

78. 例如，Burgess (2015); Folksy (2014); Jackson (2004).

第1章 什么是完美主义?

"足够好还不够好。"

"完美主义者"是许多人用来描述自己和他人的词汇,而将"完美主义者"用作褒扬或贬低,则取决于人们对"完美主义"的理解。

对不同的人来说,"完美主义"可能有不同的含义。

理解"完美主义"的含义很重要,因为你怎样理解"完美主义"会影响你对"完美主义"的认识,从而影响你在自己或他人身上察觉到"完美主义"时的反应。

> · 你使用"完美主义者"这个词吗?
> · "完美主义者"对你意味着什么?
> · 其他人赞同你的理解吗?

国际上的一些研究常把"完美主义"与"取得卓越成就"联系在一起,但同时也发现完美主义与拒学/厌学、心理健康问题和自杀等现象存在关联。[1]如果老师和家长对完美主义的看法是肯定的,他们可能就会直接或间接地强化它,这样无形中提高了学生们面临心理问题的风险。如果老师和家长对完美主义持负面看法,他们的行为方式则可能会促使青少年发生改变。假若你能灵活运用本书中的建议与策略,或许能帮助青少年产生积极的改变并增强他们的幸福感。然而，鼓励人们去改变是一件有风险的事情，具体情况我们将在后面的章节中讨论。

本章将向你介绍完美主义的定义、受完美主义影响的方方面面、对完美主义是什么或不是什么的思考、关于如何评估完美主义的讨论、可观察到的完美主义行为、与完美主义相关的想法和感受，以及完美主义作为青少年应对机制的潜在功能。本章还将讨论完美主义的起源及其持续存在的原因，它的普遍性，以及是什么因素使人们更有可能表现为高程度完美主义而非低程度完美主义，或者根本没有完美主义倾向。最后，本章以完美主义与其他学习和行为理论之间的联系，以及一系列案例研究作为结尾，希望能帮助你更为生动地理解完美主义。

定义

国际文献中有很多关于完美主义的定义。在本书中，我们将使用以下内容作为完美主义的定义：

> 不顾潜在的不利后果，依然在至少一个重点领域中坚定地追求一种出于自身要求，且由自我强加的标准，并过度依赖此标准进行自我评价。[2]

换句话说：

自我价值＝不惜一切代价取得成就

"取得成就"，我指的是得到你正在寻求的东西——某种渴望的"成果"。不存在"中间过程"，部分成就的"实现"不会带来部分"自我价值"。由此可以得出以下结论：

挑战完美主义：优化青少年成长的心理指导手册

没有取得成就＝"我一文不值"

这或许是一种极端的表述，但它正是一个完美主义者的核心所在。我认为"完美主义者"并非一个恰当的标签，因此这是本书最后一次用这种说法来形容一个人。完美主义者让人联想到特定类型的人，具有明确定义的和可评估的特质，然而这在某种程度上是一种误导。后文中我将使用"高完美主义倾向"。这一表述阅读起来可能有点冗长，但它使个体始终处于讨论的核心，他们的完美主义是可以改变的，而不是个体的固定组成部分。我们的目标不是给学生贴标签，而是建立一个能更好地理解他们的框架。此外，我将使用不太情绪化的词语"不够好"，而不是"毫无价值"，因为它听起来更容易被个体所接纳和使用，并且与"足够好"这个习惯用语相呼应——"足够好"一词在法律、健康和社会系统等领域的育儿讨论中发挥着宝贵的作用。[3]

如果上述总结听起来有点极端，我们可以尝试将完美主义视作一个基于个人体验的高、中、低水平的连续体（图1.1）。这种设想立即给讨论带来了更大的灵活性，同时也是本书的关键所在。完美主义体现为"非黑即白""全或无"，挑战完美主义需要在两个极端之间引入"灰色空间"。

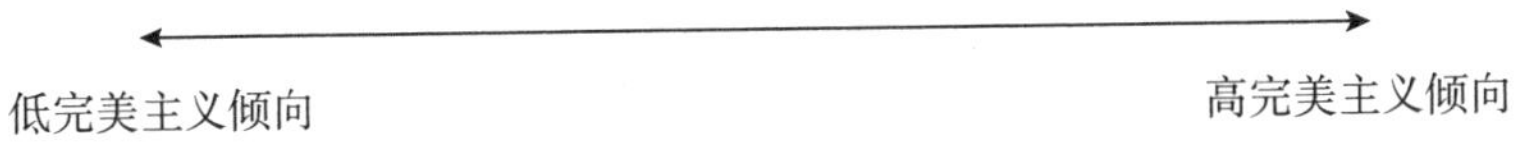

低完美主义倾向 ←————————————————→ 高完美主义倾向

图 1.1 完美主义连续体

- 那些具有较高完美主义倾向的人会体验到上述定义的最右端，即极端过度依赖自我评价，无情地追求苛刻的标准和普遍的消极后果。完美主义会对这部分人的日常生活学习和健康产生巨大的影响。这些学生可能因害怕失败而反抗甚至拒绝开始工作学习，或者因过度工作和休息不足而长期头痛。对这些青少年来说，高完美主义倾向将损害他们在学业上的发展潜力并危害他们的身心健康。

- 那些具有较低完美主义倾向的人，仍然会过度依赖自我评价，仍然会坚定地追求个人苛刻的标准，并且仍然会承受不良后果，然而，他们的日常生活学习和健康所受的损害程度较低。这些学生可能在早上花很长时间打扮以使自己看起来"完美"，或者在小组其他成员没有"以正确的方式"做事的情况下努力在小组中工作。对于这些青少年来说，他们的低完美主义倾向可能会导致他们有时迟到，或者让其他人认为他们不太有用，但这不会对他们整体的发展产生破坏性的影响。

值得注意的是，并非每个人都存在于完美主义的连续体上，那些没有表现出完美主义倾向的人根本不会在这个连续体上。完美主义是我们想要完全摆脱的东西。即使是那些完美主义倾向"较低"的人也受到不健康的态度和动机的驱动，这些态度和动机通常不能让人很好地应对成年期更广泛的生活挑战。第4章将介绍一个更有帮助的连续体，所有人都处在这个连续体上。

本章这个从低到高的完美主义连续体，为理解完美主义开启了更广泛、更有帮助的讨论：

- 人们是否天生就具有一定程度的完美主义？
- 人们可以在这个完美主义连续体中移动吗？
- 高完美主义倾向是什么样子的？令人感觉如何？
- 低完美主义倾向是什么样子的？令人感觉如何？
- 是什么导致一个人的完美主义倾向变得更高？
- 是什么帮助他们降低完美主义倾向？
- 是什么阻止他们降低完美主义倾向？我们将在第3章中讨论这个问题。
- 其他人会如何根据某人在完美主义连续体上的位置来作出反应？

对于上述问题，你可能有自己的想法。本书将依据现有文献和心理学理论来进行回答。

本书聚焦于青少年群体中的完美主义现象。对于高完美主义倾向的学生来说，在他们重视的领域中取得成就是他们自我价值的根源，即使他们的努力会带来负面结果。请注意，这里的"成就"指的是"正在取得成就"，而不是"已经获得成就"。

这是一个非常重要的区分点。

一些学生可能在他们重视的领域取得了很高的成就，因此有相当积极的自我价值感，但这种自我价值感也许是脆弱的，因为它依赖于持续取得成就。

"正在取得成就"是他们让自己感到平静和被认可的做法。他们以"非黑即白"的方式思考——他们要么正在取得成就，要么没有。任何满足感（或者说是解脱感）都是短暂的，因为他们必须继续追求目标、表现和成功。这些学生持续关注当前和未来的成就，过去的成就和成功往往被忽视。自我强加的标准越来越高，"对完美的追求"似乎正在发生。同时，诸如"不表现出弱点"等相关的信念很可能会共存，结果导致在试图表现得永远有能力的过程中产生压抑情绪。与之共存的还有对失败的恐惧，它具有的刺激效果一点儿也不比"不表现出弱点"这一信念少。这是多么无情的、令人失望的情况！在第2章中我们将更多地讨论这种生活方式的不良后果。

请大家注意，这一切都发生在无意识层面。

个体不太能意识到他们正在经历的想法和感受，当然也无法快速获取关于他们自我价值的核心信念。虽然这些过程是在不经意中发生的，但它们仍然强烈地影响着一个人的各种行为。

受完美主义影响的方方面面

"影响一个人所做的一切"似乎听起来是另一种极端的说法，但完美主义正是关于塑造个体如何与周围世界联结的固有思维模式。青少年通过某种方式持续向自己施加压力以保持好的表现，而持续承受这部分压力会对青少年生活的方方面面造成危害。

- 如果青少年认为"犯错是不对的"，这将会影响他们每天的生活。
- 如果青少年认为自己"不能表现出情绪"，这可能会影响他们应对学习和人际关系的方式。
- 如果他们认为自己"必须一直取得成就"，就很难"停下来"和放松，从而导致一系列身心问题。

有些人可能在生活的各个方面都受到完美主义的影响，而有些人可能只在特定方面受到影响。受完美主义影响的常见领域包括：

- 工作/学习（例如"我必须获得特定分数"）；注意，如果个人在学业之外的体育、艺术、音乐等领域有所追求，那么这些领域也会受完美主义的影响，需要高度重视。
- 外观/着装（例如"我必须看起来很精致"）。
- 健康/卫生（例如"我必须完全干净/清瘦"）。
- 人际关系（例如"我必须得到我想要的反应"）。
- 条理/秩序（例如"事情必须以某种方式进行"）。
- 爱好/休闲（例如"我必须在这方面做到最好，甚至做到完美"）。
- 书面和/或口头报告（例如"我必须以我理想的方式展示自己"）。
- 饮食习惯（例如"我必须只在特定的时间里吃特定食物"）。
- 时间管理/准时（例如"我必须早到"）。

很明显，受完美主义影响的领域越多，个体就越有可能体验到相关的负面结果。特别是那些对自己的爱好和人际关系抱持完美主义态度的青少年，一般来说不太可能在生活中得到真正的放松，而这种放松恰恰能作为他们减少来自这个世界的压力和束缚的缓冲器。

如何发现高完美主义倾向的学生

这是一个棘手的问题。如上文所述,并不存在"完美主义者"的固有模式。如果走进一个满是学生的教室,你或许能试着猜猜谁的完美主义倾向高。大多数人可能会选择给人留下诸如顺从、勤奋、"老师的宠儿"等印象的这一类学生,而给人留下诸如破坏性更强、参与度较低等印象的一类学生则绝对不会在选择范围内。然而,使人具有高完美主义倾向的主要原因恰恰隐藏在这表面之下。

现在,我们将先了解一些广为流传的关于完美主义的刻板印象和荒诞的说法,然后再继续探索如何识别高完美主义倾向的学生。

什么不是完美主义

人们对于完美主义有很多误解,这些误解通常会在社会群体中口耳相传。

让我们借此机会对其中传播最为广泛的误解进行澄清:

· 完美主义并不是要真正做到完美,而是不断追求完美。一些高完美主义倾向的人可能根本不认为自己是完美主义者,因为他们从未做到过完美。

· 完美主义不同于自觉,也不同于"总是竭尽全力"。表面上看它们有一些相似之处,但其根本驱动因素和结果都大不相同。

· 完美主义并不一定会带来成功和成就。它有为人们带来成功和快乐的可能,但如果引导行为的主因是完美主义而非自觉,这种可能性则大大降低。

- 完美主义不仅仅关乎学业。它可能体现在一个人生活中的方方面面。
- 完美主义可能不只是为了寻求成就，更多的是逃避失败，担心不被接受、缺乏归属感、缺乏对不良环境的适应力等都是潜在的诱因。
- 高完美主义倾向的学生即使表现出了自信和控制力，这种自信和控制力也可能是不堪一击的。
- 高完美主义倾向的学生即使取得了成功，但若只是受完美主义信念的驱使，这些成功也不会令他们满意，且难以持续存在。

表1.1进一步探讨了关于完美主义的误解与现实。

表1.1　关于完美主义的误解与现实

关于完美主义的误解	关于完美主义的现实
1.高完美主义倾向的学生都是高成就者。	1.高完美主义倾向的学生也可能是低成就者。因为他们害怕失败而无法在学习中冒险，或者他们的能力不符合他们的高期望，所以有可能成绩不佳。
2.完美主义只关乎学业。	2.完美主义可能表现在一个人生活的方方面面，而不仅仅是在学业上。
3.高完美主义倾向的学生对自己的能力充满信心，在生活中也能够得心应手。	3.高完美主义倾向的学生尽管表面上看起来很自信，但实际上可能缺乏自信。 基于他们各自的价值观，高完美主义倾向的学生在学校和生活的诸多方面都会面临挑战。
4.完美主义像是一种精神疾病。	4.完美主义本身不是精神疾病，但可能会导致精神疾病。
5.完美主义主要来自后天教养，而成为"非完美主义者"很大程度上取决于先天因素。	5.完美主义源于多种因素并由多种因素维持，"非完美主义者"也是一样。
6.高完美主义倾向的学生能一直在生活中过得很好。	6.高完美主义倾向的学生不一定能够持续表现优秀并取得成就，实际上他们可能会在不同的生活领域经历失败和病痛。
7.高完美主义倾向的学生应该学会"放手"。	7.高完美主义倾向的学生可能需要外部力量来挑战自己的完美主义思想；这虽并不像"放手"那么简单，但学校和家庭可以制订完备的计划，协助学生逐步改善。

关于完美主义的误解	关于完美主义的现实
8. 高完美主义倾向的学生有固定的思维、行为模板。	8. 任意两个高完美主义倾向的学生都不是完全一样的；每个人都是独一无二的个体，拥有自己独特的长处和需求。
9. 完美主义是与生俱来、无法改变的。	9. 完美主义是可以改变的。人们由很多的特质组成，而不仅仅是完美主义。
10. 尽管完美主义可能会造成压力，但通常高完美主义倾向还是胜过没有完美主义倾向。	10. 完美主义和尽职尽责之间常常存在混淆的情况。适度的压力有助于提升个人表现，但过度的压力则不能。
11. 我们无法真正帮助改变一个高完美主义倾向的学生。	11. 我们可以借助某些技术和需求来帮助高完美主义倾向的学生去改变。
12. 改变很难，所以高完美主义倾向的学生可能只有在生活中发生一些重大事件时才会改变。	12. 早期干预有助于防止完美主义倾向逐步加强，甚至变得根深蒂固。我们不应等待青少年遭遇重大事件时再试图去改变，因为重大事件可能对青少年产生严重负面影响。

这些对比中是否有一些令你感到惊讶的地方？或许这些对比可以帮助你进一步反思你对完美主义的看法，并考虑迄今为止你的观点和看法是如何影响自身行为的。请你考虑一下，如果一些青少年的重要他人相信上述关于完美主义的误解，是否会加重青少年的完美主义倾向。

以下是一些由高完美主义倾向导致的情景示例，但它们却不符合人们平常对完美主义的"刻板印象"：

- "如果我不尝试，我就不会失败"，导致学生拒绝投入和参与工作。
- "我要看看我的头发是否仍然看起来不错"，导致学生分心，离开教室，上课时使用手机摄像头，不允许老师取走手机。
- "我怎么才能在今晚的比赛中打进比以往任何时候都多的球"，导致学生在课堂上分心和注意力不集中，上课迟到，不完成家庭作业，把时间花在练习足球技巧以及观看网上的足球剪辑视频上。
- "一回到家就得再练那首小提琴曲子"，导致学生装病离校，对大人的说教感到烦躁，想飞速草率地完成作业。

· "我是个失败者"，导致学生表现出破坏性行为来强化这一观点。

· "我不敢相信我对他说了这种话，这是多么愚蠢的事情"，导致学生专注力低，在课堂上使用手机，与同龄人交谈而不专心上课，早退等。

· "没有人能让我看起来像个白痴"，导致学生表现出攻击性和排他行为。

如何评估完美主义？

如果我们无法简单地通过外在表现辨别一个高完美主义倾向的学生，又想避免落入刻板印象的陷阱，那么我们应当如何识别出那些学生呢？

某些行为表现可能表明学生正处于追求完美主义的状态，然而想要确定这一点，我们必须了解学生的想法和感受。那么，这些方面该如何评估呢？

有六种用于评估完美主义的常见评分量表，[4]这些量表普遍认为高完美主义倾向的人在以下方面存在共性，让我们通过以下例子进一步了解完美主义：

· **高标准或高期望**

  – 我设定了比大多数人更高的目标。

  – 我非常擅长将自身努力集中在实现目标上。

· **批评自己或他人**

  – 我要求自己至少要做到完美。

  – 其他人令我失望。

· **消极的自动思维**

  – 我做不到我需要做到的事情。

  – 这对我来说太难了。

· **担忧或疑虑**

  – 我经常对我所做的简单的日常小事心存疑虑。

– 我需要很长时间才能做好一件事情。

- **对错误的敏感性**

  – 如果我在工作/学习上失败，我就是一个失败的人。

  – 我讨厌不能把事情做到最好。

一些量表突出了以下因素：父母的期望（例如，我的父母对我设定了很高的标准；我的家人希望我是完美的）、[5]父母的批评（例如，我会因做事不够完美而受到惩罚；我的父母从不试图理解我为什么会犯错）[6]和条理组织度（例如，条理对我来说非常重要；我是一个注重整洁的人）。[7]

美国教育心理学家阿德尔森和威尔逊（Adelson 和 Wilson，2009）将高完美主义倾向的学生分为五类：

- 学业成就者；
- 严苛的准确度评估者；
- 风险规避者；
- 控制意象者（Controlling Image Managers）；
- 拖延型完美主义者。

也许你会联想到一些符合这些描述的青少年。

完美主义的评估属实是一道难题，并且没有可靠的特定"工具"能做到这一点。国际研究通常使用由问句和陈述句组成的自评问卷，例如，"当你没有成功实现目标时，你是否会感到自己很失败？"[8]"我感觉很难满足其他人对我的期望。"[9]"当事情没有按计划进行时，我会感到不安。"[10]

如果你是一个高完美主义倾向的人，

你会怎样回答这些问题？

你很可能希望避免感受到任何无能感、软弱感或缺乏控制感，因此，不太可能完全诚实地回答这些问题。这种"社会期望偏差"在高完美主义倾向的人身上尤为明显，[11]这是自评量表的一个主要问题。

完美主义也被包含在儿童其他领域的评分量表中，例如对功能失调性态度、进食障碍以及日常生活和焦虑的测量。这些领域的测量评估较少考量青少年对自身的评价，更多地依赖于监护人对他们可观察行为的评价。

因此，可观察行为也是我们评估完美主义时需要重点考量的部分。这是识别、评估完美主义的最简单方法，因为可观察行为就在你面前，与你作着大声、清晰的交流。如上所述，高完美主义倾向学生的一些典型行为可能包含：

- 注重细节、精确度和准确度；
- 条理性强；
- 注重整洁；
- 注意力高度集中和高度专注；
- 从对成功的付出和不懈追求中表现出干劲和远大的抱负；
- 勤奋；
- 言行举止中表现出很高的期望。

如果你以"健康的学习者"的视角再次审视上述行为，你会注意到两者之间存在高度一致性。因此，这些行为本身并不是完美主义的症状。事实上，一些高完美主义倾向的学生可能根本不会有上述表现。但是，如果你随机请人来描述一个"完美主义者"，他们的答案中至少会出现上述行为中的一部分。这是一些常见的刻板印象，正如你将在第3章中了解到的一样，这些刻板印象确实会让改变变得非常具有挑战性。

以下问题行为令人担忧，它们更能体现高完美主义倾向，同时也与"健康的学习习惯"有着更清晰的区别：

- 过度地组织安排、拟定清单，包括整理他们所处的环境；

挑战完美主义：优化青少年成长的心理指导手册

- 难以做决定；

- 不断地重复、纠正；

- 过度补偿；

- 过度检查和反复确认；

- 拖延，可能导致工作迟交或不能完成；

- 不知停歇，例如花费大量时间编辑工作成果，过度训练；

- 过早放弃；

- 过分缓慢；

- 放学后花很多时间留在学校里；

- 羞于分派任务或寻求帮助；

- 囤积事务；

- 在自身愿望和实际表现之间存在巨大差异；

- 逃避，例如在最后一刻取消、拒绝工作、蔑视他人、长时间独处、回避竞争关系；

- 不愿在全班面前讲话，可能显得很害羞；

- 试图改变他人的行为；

- 限制饮食，增加运动（可能比建议的训练时间更长或难度更大），花大量时间化妆和检查整理妆容/头发；

- 准备大量的笑话和故事，如果觉得自己表现得不够聪明或有趣，会感到非常沮丧；

- 在应对他人认为可以完成/处理的任务/情况时感到过度不安，例如担心发生常见的错误或转变；

- 面对多重或过度的压力（例如考试、音乐表演、体育比赛、疾病、家庭问题等），表面上看起来能很好地应对。[12]

请注意，有时候我们都会表现出其中一些行为，但完美主义体现在这些行为的表现程度上。

· 我们需要关注的是上述行为的产生是否越来越具有强迫性，即学生看起来无法选择他们要做什么，而是在被迫做事。

· 如果这些行为已经影响一个人的正常生活（即降低了他们作业的质量，搞砸了他们的社会关系，损害了健康，削弱了自我照顾或独立的能力），也应该引起关注。

在观察一个学生的行为时，我们呈现了在不同时间、不同情况下产生不同行为的详细情况。如果上述行为在学生的大部分校园/家庭生活中都普遍存在，那么我们可能会怀疑他们具有高水平的完美主义倾向。

表1.2总结了青少年所具有的体现完美主义思想和感受的行为。

表1.2　体现高完美主义倾向的行为

行　　为	具　体　表　现
强迫行为	学生似乎在应对一种不可抗拒的冲动；即使进行干预，他们也可能不受控制地做某事，例如检查、注重条理、反复确认、控制他人……
回避行为	学生通过一些行为，成功地逃避了可能引起焦虑的事情，例如拖延、反复重做、拒绝进行有关"个人"或"情感"的讨论、拒绝在全班同学面前发言、过早放弃或拒绝开始、自我孤立……
出乎意料的过度反应	学生的反应与触发因素不匹配，例如犯错、不理解、忘记上课内容、同学的评价、临时改变计划……
具有压力的迹象	学生显得紧张、疲倦、心烦意乱、易怒、抱怨身体疼痛、心不在焉……
表面上应对自如	学生表面上对一些通常令人表露出痛苦的事"无动于衷"，例如面临多重压力时。这很可能是一种肤浅的表象，在这种情形下，青少年觉得他们始终要表现出卓越的应对能力、竞争力和控制力。
用力过猛	学生在一些本不必如此的事件上花费了很长时间和大量精力，不知道什么时候可以停下来，因而很可能会过度练习，下课后留在教室里继续学习、完成大量的作业等。

现在让我们思考一下可能导致上述行为的、深层的完美主义思想和感受。

完美主义思想

你可以尝试聆听青少年的言论，观察他们所写的文字或所画的图片，或换位思考一下他们可能受到谁的影响，从而推测青少年的想法。以下是一些关于完美主义思想的例子：

· 我只有穿进小码的衣服，并坚持化妆才能变好看。（外观/审美表现）

· 我需要让我遇到的每个人都认为我是一个聪明有趣的人。（社交表现）

· 对任何事情，我都必须确保百分百无误。（检查）

· 我的成绩需要始终优于90%以上的人。（学业表现）

· 我不能弹错任何一个音符。（音乐表演）

· 我必须更加努力地训练才能做到最好。（运动表现）

· 事情必须按正确的顺序进行；我需要制作更多的清单列表。（顺序和条理组织度）

表1.3描述了与完美主义相关的"认知错误"。

表1.3　完美主义中的认知错误

认知错误	描　　述	例　　子
灾难化	对任何事都想到最坏的预期。	如果我在这方面犯了一个错误，可能会引发一些非常糟糕的事情（比如有人可能会死）。
负面滤镜	放大负面细节并"过滤掉"更积极的方面。	我犯了三个错误，我简直不敢相信，它们都是如此愚蠢的错误。
过度概括	基于单一证据得出一般性结论。	我没有在班级中名列前茅，因而我是个失败者。

认知错误	描　述	例　子
贴标签	以偏概全；将一两个负面品质用作对自己或他人的概括性评价。	我没有通过那项测试，所以我是个失败者。
妄下结论	自以为知道结果是什么。	我会失败；他们会认为我很愚蠢。
向内归因	把一切都归结为个人问题，并将自己与他人作比较。	因为她认为我不够聪明，不配出现在这里，所以她对我很粗鲁。
控制谬误，尤其表现在： 谬责 公平谬误 改变谬误 "天堂的奖励"谬误	认为我们是命运的受害者，或对一切事情负责。 让别人为我们的痛苦负责或把每一个问题都归咎于自己身上。 因其他人不同意我们对公平的看法而感到怨恨；拒绝相信生活是不公平的。 期待他人改变以适应自己。 期待付出都得到收获；如果没有回报便非常痛苦。	 如果我更擅长做这个，我就不会那么紧张；因为你的错，我才会焦虑。 他不配获胜，这不公平。 我会继续这样行事，而你需要做出改变，以适应我的做事方式。 我已经很努力了，因而我值得更好的。
"应该"	死守某些规则而导致内疚、愤怒、沮丧和怨恨。	我应该做尽可能多的工作；我应该一直受到欢迎。
情绪化推理	把我们的感受等同于客观事物的真实反映。	我压力很大，所以这是一项压力很大的任务。
永远是正确的	无论付出什么代价，都必须不断证明自己是正确的，包括防御、挑剔别人的错误。	我不会犯错，所以你一定有错。
选择性抽象认知	只关注一个细节，同时忽略情境中的其他一切。	整场音乐会因为我的一个错误而毁掉了。
二分法思维	"非黑即白""全或无"；没有其他选择。	我要么是最好的，要么是失败者。
沉思，包括： 担心犯错 难以接受过去	专注于痛苦情绪的征兆、导致痛苦的原因及其后果。	我说了那句愚蠢的话，他们看起来很反感；我真是个白痴。我做错了，有谁注意到了吗？我不敢相信我这样做了。

认知错误	描　述	例　子
担忧，包括： 　自我怀疑 　害怕失败或负面的社会评价 　感觉无法始终如一地达到高标准	对实际或潜在的问题感到焦虑。	我无法进行充分的复习，因而不能在测试中取得好成绩；我会失败的。 我不擅长这个。 他们会认为我很傻。 我做不到。
回避和拒绝模式，可能导致： 　与学校和家庭的关系恶化 　感觉被歧视	思维模式固化，认为其他人不可靠，不能提供有效的社会联结和情感支持。	当我需要他们时，他们却不在，他们会离开我去帮助别人。 没有人关心，也没有人理解，每个人都太忙了，没有人喜欢我。 他们这样做只是因为我是女孩/少数民族/穷人/同性恋。
固定的思维模式	不认为能力具有可变性，并且倾向于关注结果而不是过程。	人们要么聪明，要么愚蠢。 目标是最重要的，我对过程和努力程度不感兴趣。
为自己设定较高的标准	有特别远大的目标和抱负。	我将在这个项目/比赛/音乐会中一骑绝尘。 我将一直看起来完美无瑕。

　　表1.3中的最后一点很有趣。你可能会问："我怎么知道一个年轻人为自己设定高的标准是有益的，还是源于完美主义呢？"为了进一步分辨，你可以基于学生当前的关注点，考虑以下几个方面的内容：

- 学生们期待的结果是什么？
- 他们愿意为此付出多大的努力？
- 他们的标准是否高于其他学生？
- 学生们能达到这些标准吗？
- 如果他们达不到这些标准，会感到非常沮丧吗？
- 他们设定的标准是有助于他们实现目标，还是会妨碍他们实现目标？
- 若学生放宽特定标准或无视自我强加的"规则"，会有什么后果？

· 若放宽特定标准或无视自我强加的"规则"，对学生有什么好处？

换言之，这些问题就是在问：学生设定的自我标准是否高得过分，以至于他们永远不可能做到"足够好"？

为进一步了解这些备受关注的学生，我们提出了一个差异模型。这一差异模型关注学生的期望与实际表现（或表现水平）之间的"差异"，如图1.2所示。最需要关注的是那些期望远远超过实际表现的学生。

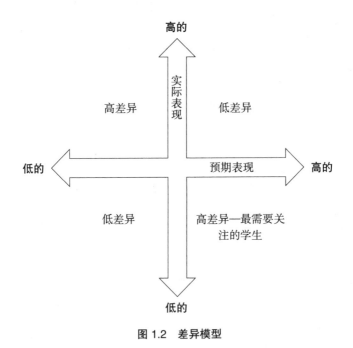

图 1.2　差异模型

需要注意的是，自尊水平往往基于预期表现与实际表现之间的比较。一个高完美主义倾向的学生可能会有很高的期望——这本身并不是一件坏事。然而，如果他们的实际表现达不到要求，他们的自尊就会受损；如果他们的实际表现与预期相匹配，他们的自尊就是完好的。然而，如前所述，这种自尊是脆弱的，因为它依赖于持续的成功。

挑战完美主义：优化青少年成长的心理指导手册

完美主义感受

你可以通过留心自己在学生身边时的感受（投射、移情和反移情的迹象），[13] 观察他们的行为，倾听他们的谈话，反思他们的文字和图画或是换位思考，来试着辨别青少年的感受。以下是你可能会注意到的一些感受：

- 紧张；
- 焦虑；
- 害怕；
- 沮丧；
- 压力。

需要强调的是，这些感受本身并不是负面的。所有情绪的存在都有其必要性，或是传达与我们经历相关的重要信息，或是起到提示警戒的作用以保障我们的安全。例如，压力可以让我们在必要时刻表现更佳，然而过度的压力会导致相反的结果——表现不佳。这是因为我们的大脑在压力过大时往往会"宕机"。同理，任何过度的情绪都会导致严重的问题。另外两种备受关注、与完美主义相关的感受是痛苦和疲惫。

现在我们已经了解一个具有高完美主义倾向的人特有的想法、感受和行为，你对前面提到的学生有什么不同的看法了吗？哪些高完美主义倾向的学生可能近在眼前却没被发觉？

谁会是你优先帮助的对象？

完美主义从何而来？

对于这个问题尚未有确切答案。

完美主义可能是婴儿与生俱来、需要进一步发展的"脆弱感"。婴儿可能从父母那里继承了完美主义的"倾向"，或是基于从环境（家庭、学校、媒体、社会整体）中接收的信息而发展起来。下文简要介绍了作为本书理论基础的关于完美主义的流行看法。

理论1：教养方式

高完美主义倾向往往与"咄咄逼人"或是"严苛"的教养方式有关。这类教养方式可能包含专制的养育方法。高完美主义倾向的父母，他们更注重表现好坏，而非学习的过程；更注重成果和成就，而非过程和进步。有趣的是，一些研究表明，高完美主义倾向的学生通常认为这一理论是他们形成完美主义倾向的原因。[14]该理论与"星妈""虎妈""直升机父母"和严厉妈妈（Kyōiku Mama，日语中的"教育妈妈"）等不同文化背景下父母的流行标签相关联，而这些标签所代表的父母养育方式都与青少年的焦虑、抑郁和自杀有关。婴幼儿仅能通过非常有限的信息认识世界，因而他们的表现可能无法准确地反映其意图。不够清晰的沟通和被阻断的情感表达会进一步强化这些负面的信念，并培养出对所期待的事物非常固化的态度。

理论2：依恋

该视角重视儿童和养育者情感联系过程的互动影响。养育者对婴儿的情感回应对于建立安心的依恋关系至关重要。婴儿通过早期与主要养育者的互动来了解自己是谁，以及自己可以从其他人和周围的世界中得到什么回应。如果婴儿所处的环境不能提供持续的爱、舒适感和感情，婴儿的需求就得不到满足，并且感受到恐惧、困惑或焦虑，他们很可能会形成缺乏安全感的依恋关系，并以此作为在环境中保持身心安全的一种方式。研究发现，缺乏安全感的依恋与完美主义有很强的联系。[15]为了确保得到养育者更持续不断和符合预期的回应，婴幼儿会学着压抑自己的情绪，尝试表现得很"完美"。渐渐地，这种行为模式演变为他们处理人际关系的方式，并体现在他们的一些学校行为中。

理论3：代际传递

这一理论认为完美主义由基因决定。除了具有完美主义倾向可能表现出生理的脆弱性（如一些进食障碍相关研究所称）之外，这个观点没有得到太多支持。一些研究人员认为完美主义是一种独特的人格特质，[16]而也有一些专家认为完美主义仅与某些人格特质有关，如"神经质"。假若父母和他们的孩子都表现出高完美主义倾向，那么要确定先天遗传和后天习得对完美主义影响的程度是非常具有挑战性的。在"完美主义基因"（我们希望它并不存在，因为它可能会让改变更难发生）被发现之前，这个理论得到的认可度较低。

理论4：认知过程

该理论认为，完美主义是一系列信念，会引发这一思考过程："自我价值建立在批判的自我评价之上"。环境中的触发因素，如主要监护人（成年人）的态度和行为或学校的文化期望，与个人的核心图式相互作用，从而影响完美主义信念的发展。因此，个人对外界环境的应对策略建立在错误的自我核心信念"我所取得的成就决定了我是谁"之上，[17]导致了不切实际的期望和"自我毁灭式的双重束缚"。[18]大多数干预策略的研究都以这一理论为基础，因为这一理论非常契合认知行为疗法，旨在改善学生行为及其相关的非理性思维过程。

理论5：所处环境

此处所指的"环境"包括兄弟姐妹、同龄人、学校里的学业环境、更广泛的社会文化影响和创伤。青少年可能将自己与一些（可能更优秀的）兄弟姐妹或同龄人作比较，以期能够满足父母或老师间接的期望。[19]博尔德（Bould，2016）认为，少女进食障碍可能是由完美主义特质造成的，这些完美主义特质是由一些过度理想化的学校鼓励女孩子们在任何时候都竭尽全力而引发的。布恩和他的同事（Boone等，2012）发现，无论英国大学生的完美主义特质程度如何，都会诱发他们的完美主义"状态"，这一发现为本理论提供了进一步的支撑。

对完美主义的另一种思考

事实上，上述理论的相互作用最有助于我们了解和认识一个人的完美主义倾向。该领域目前的主流观点表明，上述因素汇合在一起会使青少年们或多或少地体验到高完美主义倾向。尽管把完美主义归咎于一件事或单一因素会更简单、更容易，但那并不是在现实世界中发生的情况。完美主义比这更复杂，要真正有效地挑战它，需要考虑上述所有可能性。

然而，与其"责怪"造成完美主义的某人或某事，或者试图牢记上述所有因素，不如思考完美主义行为的作用，然后关注隐藏在完美主义背后相应的未被满足的需求，这样可能更有帮助。

如果将行为视作一种反映个人需求的交流方式，那么完美主义行为可以被概念化为反映学生需求的某种交流。

马斯洛（Maslow，1970）描述了人类需求的层次结构，在该结构中，每个人都将从金字塔的底部开始，一路向上，通过他们的行为寻求满足。如图1.3所示，首先必须满足的是我们最基本的生理需求，其中包括我们的身体舒适度，这整合了我们的感官需求（即通过我们的视觉、听觉、嗅觉、触觉、前庭系统和本体感觉系统进行反馈）。在满足基本生理需求之后，我们通过寻求他人一致的、有益的回应获得情感上的安全感。这一层次的需求被满足之后，我们开始尝试满足自己的社会归属需求，并寻找适合自己的社会角色。接下来，

挑战完美主义：优化青少年成长的心理指导手册

我们开始寻求自尊需求的满足，对自己和自己所做的事情感到满意，进而通过平衡所处环境中我们自身的方方面面来发挥潜能。当有一种需求没有得到满足时，个体会感到一定程度的焦虑，这会促使他们进一步寻求需求的满足。

我们都在努力成为最好的自己。

需求没被满足会让人感到不愉快。

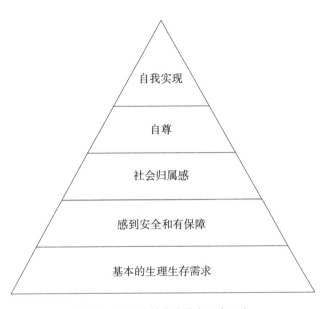

图1.3　马斯洛的人类需求层次理论

依据需求层次理论，我们可以将完美主义视为一种应对机制，用于调节由潜在的未满足的生理/感官/神经、情感、社交或自尊需求所导致的焦虑。这种应对机制被称为"冰山模型"，我们在"水面之上"看到的行为表明"水面之下"发生了更深层次的问题（图1.4）。从这一角度出发，完美主义的一些行为似乎是为了缓解个人因需求未被满足而引发的焦虑，让个体能够在短时间内冷静下来。然而，这一应对方式更有可能使焦虑持续存在，因此，从长远来看，它基本上属于一种无效的应对机制。

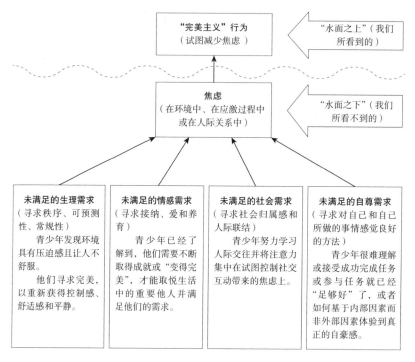

图1.4　潜在需求的冰山模型

这种方法让我们能专注于引发完美主义行为的根本原因。针对这些根本原因去解决问题，比曾经一些传统的尝试（试图改变行为或认知过程，而不解决潜在的未满足需求）更有可能带来持久的变化。

怎样找到潜在需求？

潜在需求有时可能很明显，但更多的时候你可能需要做许多调研。图1.5列出了一些建议，针对每类潜在需求都提供了相应的干预方式，请按照箭头的指示进行操作。

挑战完美主义：优化青少年成长的心理指导手册

生理需求	情感需求	社会需求	自尊需求
学生是否在一天中的特定时间或特定环境中显得不知所措或过度紧张？ 他们是否能很好地应对非结构化时间或是意料之外的变故？ 他们在固定的日程安排和可以预知的活动中表现良好吗？ 他们是否有进行自我刺激或自我安慰的感官活动？	学生是否经常尝试取悦你或获得你的认可？ 他们是否经常对外寻求安慰？ 他们是否避免与人亲近，不愿意谈论个人或情感问题？ 他们是否看起来不愿意或无法与他人分享自己的担忧或脆弱？ 即使面临巨大压力，他们是否似乎仍表现出胜任力、应对力和自控力？	学生是否缺乏亲密或有意义的友谊？ 与同龄人相比，他们与成年人或低龄学生独处的时间是否更多？ 他们有时是否会以不寻常的方式行事或似乎不了解社交互动中的回应方式？ 他们会模仿别人吗？ 他们与社交媒体有不健康的关系吗？	学生是否似乎更注重成果，而非享受获得成果的过程？ 他们很难接受赞美吗？ 尽管受到提示和鼓励，但他们是否仍旧反复犯同样的错误，是否感到沮丧却似乎无法改变？ 他们是否用"非黑即白"或"灾难性"的词汇来描述自己？

学校：提供尽可能常态化的环境，尽量减少变化并协助学生做好应对即将发生的变化的准备，使用视觉支持，提供感官休息的时间。 **学生**：学习感官应对策略和焦虑管理方法。	**学校**：安排"关键人物"，培育学生情感表达的能力素养，给他们提供探索和表达情感的机会。 **学生**：学习建立自信、正念和自我接纳等应对策略。	**学校**：培育学生的社交思维技能，给他们提供与正面榜样社交互动的机会，制定明确且积极主动的防治欺凌和应对社交媒体的政策。 **学生**：学习沟通技巧等应对策略。	**学校**：使用认知行为疗法来挑战潜在的想法，用成长型思维增强学生的积极自尊。 **学生**：学习质疑胡思乱想等应对策略。

图1.5　完美主义背后的潜在需求和相应的干预手段

是什么让完美主义一直存在？

为什么即使出现负面结果，完美主义仍然一直存在？

完美主义是个陷阱。

认知行为理论可以帮助我们更好地理解这一点，如图1.6所示。

即使只是感知到了一丁点没有实现目标的迹象，高完美主义倾向的人也

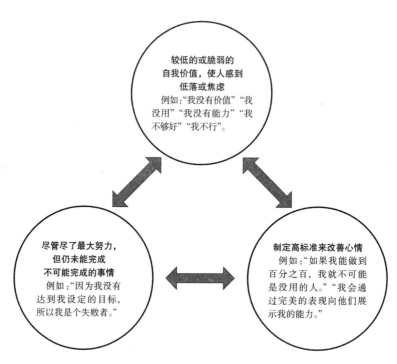

较低的或脆弱的
自我价值，使人感到
低落或焦虑
例如："我没有价值""我
没用""我没有能力""我
不够好""我不行"。

尽管尽了最大努力，
但仍未能完成
不可能完成的事情
例如："因为我没有
达到我设定的目标，
所以我是个失败者。"

制定高标准来改善心情
例如："如果我能做到
百分之百，我就不可能
是没用的人。""我会通
过完美的表现向他们展
示我的能力。"

图1.6　完美主义的认知行为循环

会自动产生"我不够好"的想法。这种想法引发了非常不愉快的感觉，人们会试图避免这种感觉，因为没有人喜欢"坐立不安"的感觉。任何没有取得成就的迹象都可能给他们带来极大的焦虑，因为这会引发他们潜在的恐惧，即"我不够好"。

只要他们取得了成就，他们的自我价值就得到了保障。他们需要不断避免"毫无价值"的糟糕境遇。只要他们一直追求成就，同时也就避免了失败。然而，不断追求成就的实质是不断地与"我不够好"的想法作斗争。因为任何成就都只是暂时的，需求却会一次又一次地再生，于是完美主义的认知行为循环不断持续。

在如此令人精疲力竭的心理过程之下，学生怎么会有空间接受真正的挑战呢？他们经常选择那些他们确认自己一定会成功的事情，即使真的接受了

挑战完美主义：优化青少年成长的心理指导手册

"真正的"挑战，也会为自己设定不可能达到的超高标准。这两种情况都强化了"我不够好"的基本信念。图1.6为我们展示了这个循环是怎样产生以及如何保持运转的，从而导致人们陷入"陷阱"。

这种认知行为视角是解释完美主义持续存在的常用说法。第3章将讨论用于理解完美主义长期存在的其他视角。

完美主义有多普遍？

许多人自认为是完美主义者，[20]但完美主义在群体中的普遍程度（特别是在学龄儿童群体内）很难界定，原因是多方面的。其一，对完美主义概念的定义尚未达成共识。其二，存在受试者偏差。参与完美主义研究的被试主要是正在接受高等教育（大学及以上）的学生，而不是学龄儿童。那些没有继续接受高等教育，但最有可能是高完美主义倾向受害者的学生被遗漏了，这类学生也许更需要被研究，因为这些年轻人可能是最脆弱、最需要帮助的。

其三，使用自评量表来测量被试的完美主义水平也为我们探究完美主义在儿童和青少年中的普遍程度带来了挑战。如上所述，该类人群的社会期望偏差[21]可能特别高，这意味着他们的自我评价信息或许是几乎无用的。使用不同的评分量表也使得衡量完美主义的普遍程度具有挑战性，因为不同的评估工具反映的是完美主义的不同概念，所以不能假设被评估的是同一内容。一般很少使用其他替代评估工具，如家长或老师的报告，也很少探索个人关于完美主义的独特经历，这反映了对完美主义本质的实证假设（即它是一个真实的、可衡量的"事物"，对每个人来说都是如此）。

尽管很难确切地知道完美主义到底有多"普遍"，但网络上关于完美主义的一项简单调查声称，普通人群中有大约30%的人正受到完美主义的困扰，[22]并指出"天才人群"中遭受完美主义困扰的比例高达87%，[23]其中有30%是"神经质"类型的完美主义。客观来讲，对于这些说法，既无有力证据证实，也没有证据证伪。本书认为，只要有一些学生正在遭遇完美主义的困境，就有必要对此进行深入的探索，以期解决学生的困境。

是什么让一个人更有可能具有高完美主义倾向？

一些研究者认为女孩相较于男孩更可能具有完美主义，[24]然而其他人则没有发现完美主义在性别方面的差异。[25]对学业表现优异的美国青少年而言，富裕的经济条件与完美主义的负面影响有关，[26]而打压式的家庭环境可能会在更大程度上催生完美主义。[27]有研究探索了种族对完美主义的影响，但尚没有明确的发现。[28]相比于思考是什么让一个人可能更具完美主义，思考是什么让一个人可能不追求完美主义也许更有帮助。有很多因素对降低一个人追求完美主义的可能性发挥着重要作用。这些抵御完美主义的"保护性"因素包括：

- 自我价值[29]；
- 自我效能感[30]；
- 自尊[31]；
- 自我控制[32]；
- 心理弹性[33]，具体包括应对资源、胜任力和能力[34]；
- 控制点[35]；
- 成长型思维[36]，积极心态[37]，或足够好的心态[38]；
- 良好的、有凝聚力的家庭环境，能够直接表达鼓励和期待[39]。

与其他理论的联系

完美主义可能与我们熟悉的一些理论有联系，在当前的阅读过程中你或许也曾联想到了这些理论。下文对部分相关理论作简要介绍。

挑战完美主义：优化青少年成长的心理指导手册

思维定式[40]

完美主义与"固定型思维"有关，会表现出思维和行为方式的僵化，更关注结果而不是过程。固定型思维对犯错（被视为失败的迹象）、努力（被视为不够好的迹象）和情绪（被视为干扰和无法忍受的弱点）的容忍度非常低。这与"成长型思维"相反，"成长型思维"认可犯错、努力和情感表达的价值，认为这些能够帮助我们获得成功和幸福。

学习目标[41]

完美主义与表现优秀（或取得成就）的目标有关，个人的注意力和动机受最终的成果驱动。这与过程导向、掌握取向以及学习目标相反，后者既重视过程也注重结果，以鼓励更深入持久的学习，培养更积极自洽的自我形象，增加未来成功的可能性。

自我决定理论[42]

自我决定理论是一种较新的学习动机理论。不考虑外部因素，完美主义与自我决定理论中作出选择背后的动机有关联。该理论提出，当人的三种与生俱来的心理需求（胜任需求、归属需求、自主需求）在社会环境的支持下得到满足时，他们就会进步和成长。高完美主义倾向的人在面临怀疑自己的能力、与他人缺乏有意义的联系并且感觉无法控制自己的生活三者中的任一情况时，就会感觉受到威胁。

控制点[43]

完美主义与心理控制点的极端值有关：要么认为自己本应该能完全控制所发生的一切，要么认为自己无法控制任何事情。而在理想情况下，人们应该在两个极端值之间找到一个健康的平衡点。

需求层次理论[44]

高完美主义倾向的学生可能会专注于努力把事情做得完美，而不是获得"自我实现"，因此他们或许会试图满足更基本的动机需求，如安全、归属或自尊。在完美主义的相关议题下，这类学生可能会被忽视，因为他们看起来具有能力、胜任力和掌控力。

防御机制[45]

完美主义与儿童性虐待幸存者之间的相关性研究所表明，[46]完美主义或许是作为一种回避导向的应对机制发展而成的。[47]这一观点同时契合部分研究者将完美主义视作一种管理焦虑（因需求未被满足而产生的）的方式的想法。当完美主义或完美主义的目标（学习、表现等）是我们关注的焦点时，潜在需求就不会被发觉。当个体觉察到自己的潜在需求时可能会经历巨大的痛苦，但这个过程对个体的成长和发展是很有益处的。

案例分析示例

上述理论可能听起来有点抽象，请不要担心。

接下来我们将共同学习一些案例，在案例中会更生动地解读上述理论。这些案例来自我在从事心理健康服务和教育工作时接触到的学生、家庭和学校工作人员，为保护隐私，隐去了案例涉及的个人身份等相关信息。每个案例都分析了青少年可能存在完美主义的领域，以及需要进一步探索的潜在需求。在阅读过程中，请思考以下几个问题：

- 在这些案例中，你有觉得似曾相识的人吗？
- 面对这些学生，你的直觉是什么？
- 对于案例中的人物，你对谁最为担忧？

案例研究 1:阿米莉亚

阿米莉亚是一个聪明的少女,对她来说学习似乎非常轻松。她经常在班上获得最高分,按时并高质量、高标准地完成作业。同时,她是学校多个运动队的队员,并参加了学校管弦乐团。她总是第一个参加学校戏剧的试镜,并经常扮演主角,而且会在家里抓紧每一分钟进行排练。她在学校社区项目中做志愿者,并总是保持非常整洁和体面的外表。

学校非常看重她,她总能在期末考试中取得高分,同时也是当地新闻记者采访学校时理想的形象代言人。校方希望她继续成为女生代表并最终进入一所精英大学。他们从不担心阿米莉亚会有什么问题,阿米莉亚对自己也没有任何担忧。各方面的成绩对她来说都很重要,她也做得很好。同时,她有取得成功所需的专注和决心等品质,所以不需要任何人的帮助。阿米莉亚唯一不擅长的课程是艺术,但她并不关心这个,因为她认为艺术是一门"不公平"的课程,有些人创作的作品看起来像涂鸦,但它们却价值数百万美元。

阿米莉亚没有真正的朋友。尽管她表面上与每个人都相处得很好,但别的学生觉得她的成就令人讨厌,因为她经常表示人要么天赋异禀,要么庸庸碌碌。当别人取得成功时,她似乎从不真正感到高兴。由于她太忙,她从不在校内外进行社交活动,当有人不高兴或需要建议时,她往往束手无策。她的言行会让人觉得如果自己体重超重、不化妆或者有点邋遢的话,阿米莉亚是不会喜欢他们的,所以大家通常会选择和她保持距离。阿米莉亚从未有过深厚或有意义的友情,但对她来说这不是个问题:每个人不都如此吗?她和每个人都相处得很好，这还不够吗？阿米莉亚发现愤怒、悲伤和恐惧等情绪会带来很多不便，因而通过让自己时刻保持忙碌、限制自己的饮食（她称之为"饮食净化"）或者进行高强度运动来远离这些情绪，直到她再也感觉不到为止。摒弃这些情绪后，她可以更好地专注于她的待办事项清单。她听说A-Level^①比GCSE^②难很多，但这可能是那些不太聪明的人的观点；对她来说，A-Level不存在任何难度。

完美主义存在的领域：工作/学习、外表/着装、健康/卫生、情绪表露、饮食习惯。阿米莉亚的生活中有很多方面似乎都受到完美主义的影响。

可能的潜在需求：认知错误。阿米莉亚表现出一种"固定型思维"，并在生活中严格遵守明确的规则。虽然当前这些思维方式能够让她在很多方面取得成功，但她可能会在"现实世界"中遇到认知错误导致的诸多困难，比如在高等教育中，她可能会遇到更大的挑战。另外，她可能在社交沟通和情绪调节方面存在潜在的需求，在这些方面为她提供支持，将对她的成长有益。

案例分析2：查理

查理是一名小学生，他在做很多事情时常常被称为天才。他在学校的课程中表现得非常优秀，并且在团队合作中总会被选为组长，这一点在他擅长的体育课中表现得尤为突出。查理参加了许多课外体育俱乐部，以充分发掘他的才能。他把晚上和周末的大部分空闲时间都花在课外俱乐部上，所以虽然他有时不能完成作业，但他加入了许多优秀的俱乐部。查理深受同龄人的喜爱。体育上的成就对查理来说非常重要，他抓住在学校的所有空闲时间和他的朋友一起练习足球。因为他是一名优秀的射手，所以朋友们都希望他能

---

① A-Level：英国高中课程，也是英国普通中等教育证书考试高级水平课程。——译者注
② GCSE：英国普通中等教育证书，是英国学生完成第一阶段中等教育会考后所颁发的证书。——译者注

加入自己所在的球队。这让查理自我感觉良好。

查理曾在课堂考试中作弊，在偷看他人的试卷时被老师们抓个正着。老师们不理解查理为什么要这样做，因为他们知道查理不必作弊也能正确回答。老师们也为查理有时不想参加他们安排的比赛（即使是体育比赛）而感到困惑，因为在这些比赛中查理获胜的可能性很高。当他们邀请查理站到全校师生面前，祝贺他又一次取得辉煌的成就时，查理总是表现得很尴尬，有时甚至会桀骜不驯地表示不想参加集会，并为此找了很多理由留在教室里。他的父母也对此感到困惑，同时有些担心查理的宅家行为。与其和父母待在一起，他宁愿玩电脑游戏，追求网络游戏中同龄人的最好成绩。面对父母他有时会变得非常烦躁和紧张。父母担心他不够努力，白白浪费了他的天赋。查理的父母和老师都极力劝说他不要追求他梦寐以求的足球运动员理想，他们认为他应当更明智一些，未来从事更彰显"聪明才智"的工作。

完美主义存在的领域：工作/学习、爱好/休闲。查理的生活中似乎有部分关键领域受到完美主义的影响，随着年龄的增长，问题逐渐凸显出来。这些领域中一部分是他更看重的，一部分是他生活中的重要他人更看重的。

可能的潜在需求：自尊和社会归属感。查理似乎在同龄人中寻求归属感，并尝试在他看重的领域中找到让自己感觉良好的方法。对于查理来说，这意味着要拒绝一些对他生活中的重要他人来说很重要的事情。重要的是，查理要想办法"融入"一个支持他的社会团体，同时也要做一些让他真正自我感觉良好的事情。了解查理对自身的期望，以及他认为别人对他学业方面有何期望，将有助于他真正感受到自我价值，并全心全意地投入到学业中。

案例分析3：米娅

米娅是一名小学生，她的父母和学校工作人员觉得她总是心不在焉。就她的能力而言，她在学校被认为是"低于平均水平"，在同龄人中的表现并不突出。米娅把她的东西放在她的书包里，把书包挂在衣帽间的挂钩上。每节课后，米娅都会检查她的书包，反复确认所有的物品都放在正确的位置上。因为这种行为是不被允许的，所以她"欺骗"老师，请求去衣帽间旁边的厕所。老师经常因她去厕所次数太多而恼火，但米娅不在乎，去厕所意味着她可以去检查她的书包。当一切物品都在它们应该在的地方时，她才会感到安心。在上课期间，米娅专注于她的铅笔盒及里面的文具，她按特定顺序将它们取出来并放回原处。在这个过程中如果有人打断她，她会对他们皱眉，然后重新开始。有时，当她因自己某种特定的秩序被打乱而感到特别沮丧时，她就会大喊大叫。米娅经常由于这些行为错过课上老师的指示，不过她会依样画瓢，模仿她旁边的同学所做的事情。

有一次，米娅引起了老师的注意，当时她几乎崩溃了，尖叫着把另一个孩子推倒在地，抓着自己的东西藏在桌子底下。这是因为那个孩子反复翻开她的包，而米娅觉得这难以忍受。米娅的父母对此并不在意，他们觉得米娅相较于她的五个兄弟姐妹确实"有点奇怪"，但只要她不像兄弟姐妹那样在学校里惹麻烦，他们就很知足了。米娅班上的一名助教注意到，在体育课前换衣服时，米娅的速度很慢，因为她需要花很多时间按照特定的顺序做事，包括将所有衣服叠整齐，然后把每件衣服紧挨着但互不接触地放在桌子上。如果衣服相互碰着了，她就会展开它们并重新开始新一轮整理。

完美主义存在的领域：条理/秩序。米娅似乎只在一个领域有完美主义倾向，但这好像对她生活的其他方面也造成了影响。

可能的潜在需求：感官需求。米娅的整个世界似乎都以她的感觉为中心，需要她的物品都放在"正确的地方"。她好像能从中获得巨大的控制感。这可能是因为她感觉周围的环境让她不知所措，于是通过不断查看和整理物品让自己安心。引导米娅认识到自己的感官需求，并培养能让米娅在周围环境中感到平静的方法，将有助于她未来的成长发展。对于像米娅一样的孩子，提供全天化的"感官饮食"，使用视觉的和具体的学习与沟通支持，以及通过"社交故事"来学习如何处理感受，是有帮助的。

案例分析4：哈里森

哈里森是一个十几岁的男孩。在老师对他的评价中，好一些的用词是"愤愤不平的""游手好闲的"，坏一些的则是"目中无人的""好斗的"。哈里森虽然一直在努力学习，但发现学业对他而言非常困难。他经常因破坏性行为与学校工作人员发生冲突。做一个"酷男孩"并表现自立对哈里森来说很重要。他的成长经历了重重困难，已经学会了照顾自己。他认为他人不值得信任，所以他永远不会寻求或接受帮助。查理并不认为自己是传统意义上的"聪明人"，但不得不努力取得成功。对那些在他看来对真实世界的生存经验和理解不如他的学校工作人员，他从不会分享这些想法。他并不认为学校里会有人关心他，但有时他却表现得让老师们想要给他一些帮助和引导。不过在大部分时间里，老师们对他的所作所为非常生气，恨不得他能离开学校。

哈里森的街头智慧和对抗权威的做法让他感到自己很强大，掌控着一切。哈里森很注重自己的外表，即使不符合学校规定，也一定要穿着最潮流的品牌，搭配最时髦的发型。如果哈里森被要求换上校服，他就会变得非常凶恶。他曾殴打过弄脏了他的衣服或弄乱了他头发的学生。学校里的有些老师怀疑哈里森通过贩毒赚钱以购买他的名牌衣服和鞋子。他的父母已经离婚，且从不参加学校的家长会，所以老师们感觉难以改善哈里森的所作所为。他极有可能会被学校开除。

完美主义存在的领域：外表/穿着，人际关系。哈里森的生活中似乎有两个相关的领域受到完美主义的影响，这些方面的表现能够有效地减少他在现实生活中的脆弱感。

可能的潜在需求：情感安全。哈里森似乎需要一些引导来帮助他发现自己是值得被关心的，有一些人是值得信任的，他们会善待他并站在他的立场上为他考虑，同时世界大体上是安稳且安全的。挑战他的完美主义很有难度，因为它似乎致力于满足他非常原始的需求：生存。哈里森需要一些支持来帮助他挑战他的完美主义态度和信念，否则他成长的道路不容乐观，甚至会走上犯罪道路。

再次重申一下，高完美主义倾向的学生没有固定的模板类型。每个学生都不一样。以上案例只是为了更生动、更具体地讨论前面的一些理论。完美主义学生的潜在需求为未来的进一步探究提供了方向；一旦更深入地探索青少年的情况，可能会出现一些新的可干预领域。

也许你已经开始思考完美主义为上述学生带来的"危险"。不要着急，下一章我们将讨论与完美主义相关的一些风险。

注释

1. Starley（2018）.
2. Shafran, Cooper and Fairburn（2002，p.778）.
3. 例如，温尼科特（1953）客体关系理论中"足够好的妈妈"的概念现已广泛应用于儿童保育领域，包括用在儿童保护案件中，判断父母是否恰当地养育子女.
4. 六种常用的完美主义评分量表：
   儿童适应性/适应不良完美主义量表（The Adaptive/Maladaptive Perfectionism Scale for Children, AMPS）
   几近完美量表—修订版（The Almost Perfect Scale, APS-R）
   儿童—青少年完美主义量表（The Child-Adolescent Perfectionism Scale, CAPS）
   佛罗斯特多维完美主义量表（The Frost Multidimensional Perfectionism Scale, FMPS）
   完美主义认知量表（The Perfectionistic Cognition Inventory, PCI）
   完美主义自我呈现量表—初级（The Perfectionistic Self-Presentation Scale-Junior, PSPS-J）.
5. 父母的期望；FMPS问题1和CAPS问题8.
6. 父母的批评；FMPS问题3和问题5.
7. 条理组织度；FMPS的问题2和问题7.
8. 斯德伯和达米安（Stoeber and Damian, 2014）的临床完美主义问卷（Clinical Perfectionism

Questionnaire, CPQ），问题4.

9. 休伊特和弗莱特（Hewitt and Flett, 2004）的多维完美主义量表（Multidimensional Perfectionism Scale），问题5.

10. 加尔铁里（Gaultiere, 2000/2012）的自评完美主义检验测试（Self-Assessment Perfectionism Screening Test），问题7.

11. Crowne and Marlowe（1960）.

12. Adelson and Wilson（2009）.

13. **投射**：当一个人无法控制自己强烈的情绪时，会想方设法让其他人体验到他们的感受，这样他们就不必经历失控的痛苦。比如一个人总是感觉自己"不够好"，他会不断地挑剔别人的毛病，导致周围的人也感觉自己不够好。这样他就会把注意力集中在其他人身上，而暂时性地逃避自己的感受。对于存在心理健康问题的青少年，老师和家长常常感到无助、困惑和失控。这些通常是青少年投射到成年人身上的感受。这则有用的信息值得成年人自身注意。老师和家长可以问问自己：这是我的感受还是孩子的感受？

移情：这是指一个人面对当前生活中某人所表达的情绪和感受，其实是想要对他们早期生活中某些人（通常是早期的养育者）表达的情绪和感受。比如有的学生迫切地想要取悦老师并获得老师的赞许，或者有的学生不愿意受到成年人的控制，所以与老师进行"权力斗争"。老师们常常会因这些学生针对他们所表现出的强烈的情绪和感受而困惑。从个人的角度看，老师们没有做错任何事情，但是他们的地位、权威甚至是性别会使青少年无意识地联想到早期生活中的养育者。老师可以问一问自己：学生对我的真实感受是怎样的？这种感受是面向我还是其他人呢？这一觉察也非常重要。

反移情：这是指人们面对这些青少年时可能会产生的不合时宜的感受；青少年的行为方式似乎在促使成年人产生这些感受，仿佛人们就是上一条概念中产生了移情的人。比如一位老师可能会产生强烈的想要安抚学生的感觉，或者与之相反，想要逃避或者拒绝学生。老师或许正在复现该青少年早期经历的养育模式。不妨问问自己：我对这个学生的感觉是怎样的？这代表着学生的什么需求？这种觉察非常有益，能够帮助我们了解关于学生情绪、感受的重要信息。请牢记，当学生表现出不需要关注的时候，他们的内心其实非常渴望被关注。我们将在第7章具体讨论如何以恰当的方式关注这些孩子.

14. 例如，Neumeister (2003, 2004).

15. 例如，Neumeister and Finch (2006);Besharat, Azizi and Poursharifi (2011).

16. 例如，Cattell and Mead (2008); Hollender(1978).

17. Pembroke (2012).

18. Weisinger and Lobsenz (1981, p.281).

19. Låftman, Almquist and Östberg (2013).

20. Dahl (2014).

21. Crowne and Marlow (1960).

22. Nolan (2014).

23. Natcharian (2010).

24. 例如，Jaradat (2013).

25. 例如，Rice and colleagues (2007); Thorpe and Nettelbeck (2014).

26. Coren and Lethar (2014); Lyman and Luthar (2014).

27. Greenspon (2000).

28. 例如，van Hanswijck de Jonge and Waller (2003).

29. DiBartolo *et al.* (2004); DiBartolo, Yen and Frost (2008).

30. Chan (2007).

31. Zhang and Cai (2012).

32. Achtziger and Bayer (2013).

33. Klibert *et al.* (2014).

34. Nounopoulos, Ashby and Gilman (2006); Stornelli, Flett and Hewitt (2009).

35. Arrazzini and De George-Walker (2014).

36. Dweck (2006).

37. McVey *et al.* (2004).

38. Chan (2012).

39. DiPrima *et al.* (2011); Morris and Lomax (2014).

40. Dweck (2006).

41. Damian *et al.* (2014).

42. Deci and Ryan (2002).

43. Rotter (1954).

44. Maslow (1970).

45. Freud (1937).

46. Flett *et al.* (2012); Gnilka, Ashby and Noble (2012).

47. Lindberg and Distad (1985).

挑战完美主义：优化青少年成长的心理指导手册

第 2 章　完美主义的风险

"完美主义：披着羊皮的狼。"

从表面上看，完美主义似乎并不是一件坏事。对某些人来说，完美主义可能是无害的、风趣幽默的甚至有益的。

值得注意的是，不能简单地判断完美主义是好还是坏。以"非黑即白"的视角看待完美主义未免过于简单化。但是很多人是这样做的，因为"非黑即白"是了解世界的快捷方式。这是人的本性。

对我好，还是对我不好？

对我的孩子好，还是对他们不好？

我们以这种孩童般的思维方式来简化忙碌的生活。特别是当我们感到压力时，会使用这种"全或无"的思维方式，试图让事情变得更简单。

权衡事物的两面性并考虑"中间立场"，这需要耗费一定的时间、精力和灵活性，并且因为侧重于"要完成任务"而被忽视。对于完美主义，这一点尤为重要：当完美主义出现时，推理、反思和理性思考往往会不存在，人们更有可能被压力反应所支配。"系统1"①的思维方式大行其道。世界非黑即白。前进，不断前进……不要停下来思考，更不要停下来感受。

---

① 系统1是快思考系统。心理学家丹尼尔·卡尼曼在其著作《思考，快与慢》中提出，人的大脑中有两个系统：系统1是快思考系统，其运行是无意识且快速的；系统2是慢思考系统，通过调动注意力来分析和解决问题。——译者注

我们已经在第1章中讨论了完美主义作为一种应对机制的功能。当你阅读完本书，你会更加确信，生活十分复杂，不能简单地将事情分为"好"或"坏"。你还将了解如何帮助青少年逐渐找到"中间立场"。下一章将进一步讨论这种复杂性与完美主义的关系。

我们为什么要为完美主义而担心？

尽管存在事物的复杂性，但不可忽视的是，许多研究[1]表明完美主义会对个体产生破坏性影响，并将其与一些可诊断的疾病联系起来。例如，沙夫兰和曼塞尔（Shafran 和 Mansell，2001）对完美主义的研究和治疗进行了回顾，发现完美主义不仅与"广泛的精神病理学"高度相关（第879页），而且众所周知，针对成人的治疗非常困难（第900页）。因此，早期干预非常必要。

事实上，完美主义的众多研究本质上都是相关研究，这意味着我们无法"证明"完美主义是导致负面结果的绝对原因，因此在建立相关联系时必须谨慎行事。然而，有证据明确指出，高完美主义与一系列负面经历（例如具有攻击性、表现不佳、心理健康问题、更糟糕的生活和自杀行为）之间存在联系，与其将种种联系视为巧合，不如基于此提出一些关于完美主义潜在风险的假设。否则，忽略所有可能的联系似乎有些大意。"中间立场"意味着我们接受风险可能存在，但不那么聚焦于"病态化"个人，而是帮助青少年朝着更健康的行为方式发展，这也是本书遵循的观点。

完美主义的潜在"风险"概述如下。

风险

在青少年生活的方方面面，高完美主义倾向都可能会带来极大风险，包括他们的学业、人际关系、健康以及整体的自我关照和独立性。请注意，本

挑战完美主义：优化青少年成长的心理指导手册

章最后坦诚地讨论了死亡问题，死亡风险与完美主义的联系不容忽视。具体而言，风险包括：

· 失败感、内疚感和羞耻感；

· 对愤怒的不恰当表达；

· 心理防御，对批评过分敏感，容易产生社交焦虑；

· 压力和痛苦；

· 精疲力竭；

· 头痛；

· 侵入性心理意象；

· 睡眠问题，尤其是失眠（可能是由于高压力水平以及生活活动的平衡程度较低）；

· 低自尊；

· 消极的应对方式；

· 社会功能和领导力薄弱；

· 社交孤立；

· 网络通讯工具的不当使用；

· 拒绝上学，"自我设限"，回避表现和低成就；

· 拖延；

· 效率较低，导致表现不佳；

· 学业倦怠。[2]

这些问题可能在学生上学期间就很明显，或者可能直到他们离开学校才真正出现。在高校中就读需要相当强大的心理健康素质，这表明已经"通过"中等教育的学生可能会发现他们曾经使用的应对机制在初中、高中校园以外不再适用。同时，随着年龄增长，对学龄期学生心理健康素质的要求不断提升，因此，除非我们及早干预，否则学生在成年期也可能会面临上述困难。

与可诊断"疾病"的关联

完美主义与一系列可诊断的疾病有关，其中一些可能会令人非常惊讶。以下是简要的总结。

焦虑，特别是社交焦虑

完美主义的想法（例如"我必须完成这件事""我需要把这件事做到完美""我不能犯错"）会引发焦虑情绪，并导致试图减轻焦虑的完美主义行为，形成一个恶性循环。当其他人要求你尽善尽美而你必须以某种方式"表现"才能获得认可的时候，尤其会加剧社交焦虑。长期焦虑会导致抑郁。[3]

缺乏安全感的依恋

完美主义的想法（例如"我必须自己做这一切""我不能表现出软弱"）会导致不健康和破坏性的关系，也包括与自身的关系。完美主义与"回避""焦虑"或"不屑一顾"的依恋风格有特别密切的联系。这意味着个体学会了不依赖他人也能满足其自身需求，并且必须将情绪隐藏起来。[4]

注意缺陷多动障碍（ADHD）

完美主义和ADHD似乎是对立的：一个意味着高度的条理性和专注度，而另一个则缺乏这些。然而，ADHD患者的完美主义想法（例如"这件事必须以某种方式进行"）会引发愤怒情绪，导致情绪爆发和压力。完美主义也可以表现为拖延、无效的时间管理，以及由于难以达到的高标准和不能做到提前计划与监控自己行为而放弃项目。努力追求完美并坚持完成任务也可能是对粗心和注意力不够集中（ADHD儿童的常见标志[5]）的一种矫枉过正的习得性反应。

挑战完美主义：优化青少年成长的心理指导手册

自闭症谱系障碍

完美主义与自闭症密切相关。完美主义的想法（例如，"我需要此事完全以这种方式进行""我必须做到恰到好处"）会引发痛苦感，导致紧张感的累积和"崩溃"。"全或无"的思维、对细节的关注以及"停滞不前"和钻牛角尖的倾向是自闭症和完美主义的共有特征。患自闭症的青少年也有社交困难，很有可能他们认为别人期望他们是完美的，而这种沟通困难会让他们更难向他人寻求帮助。[6]

双相情感障碍

自我批评的完美主义想法（例如"我没用""我必须是最伟大的"）与双相情感障碍症状的发展有关，特别是在同时存在焦虑的情况下。自我关怀被认为是对抗这些想法和缓解双相情感障碍症状的有力"工具"。[7]

体象障碍

一个人对于自己应当具有的外表，经常有一些完美主义的想法（例如，"我的大腿之间必须要有间隙""我必须有完美的身材"），并导致一系列强迫行为来达成理想状态。这些行为可能包括过度锻炼、花时间进行美容甚至整容手术。对更瘦、更好、更快、更强等的不断追求具有强烈的完美主义色彩。一个人对外表的期待永远达不到"足够好"：因为他们的身体意象是扭曲的，所以他们的"理想外貌"无法实现。对"完美身材"的强烈渴望会导致严重的健康问题。无论男女，其体象障碍与我们这个时代的媒体和文化有关，同时与进食障碍和完美主义思维密切相关。[8]

抑郁

完美主义的想法（例如"我不够好""其他人认为我是失败者"）会引发情绪低落和无价值感，导致如孤立自闭、食欲不振和兴趣减退等抑郁行为，完美主义中的许多表现，如高程度的羞耻感和自我怀疑、经常与他人比较、缺乏社会支持、害怕被拒绝和不被认可、隐藏恐惧和错误等，很可能会导致抑郁。而最糟糕的是，抑郁症与自杀有关。[9]

进食障碍

完美主义的想法（例如"我无法应对这种感受""我需要获得控制感""我不够瘦"）会引发不健康的饮食行为。年轻女性的完美主义思维与进食障碍之间的联系特别密切。在所有精神疾病中，进食障碍的死亡率最高。[10]

强迫症

完美主义和强迫症之间有很强的联系。完美主义的想法（例如"我必须这样做""这件事一定要这样做"）会引发强迫行为，使个体陷入不健康的思维循环并表现出试图控制焦虑情绪的行为。这种焦虑往往是与犯错误或没有以"正确的方式"做事情相关的，因为在人们看来这会导致灾难性的事情发生。[11]

自残

坚持完美主义的想法（例如"我必须完成这件事""我不能表现出软弱"）会大大提升压力水平并抑制情绪表达，导致情绪积聚，亟待释放。一些青少年会通过自残来实现情绪的释放；还有一些青少年可能会通过自残来表达他们内心的动荡、冲突和痛苦（"我必须是最好的/我不够好"），因为他们还没有找到恰当的语言或"安全的地方"来表达这一点。最初自残的程度可能较轻并且可控，但渐渐地自残的严重程度会加深，发展至需要药物治疗，甚至导致自杀（意外或故意的）。[12]

自杀意念和自杀

若一位青少年一直认为自己"不够好"，但仍旧有成就需求并将其视为应

挑战完美主义：优化青少年成长的心理指导手册

对方式，最终可能会因这种长期的压力而"精疲力竭"，决定把自杀作为解决问题的唯一方式。这一想法最开始可能仅仅是幻想，但后来会成为现实。[13]

真正的死亡风险

这部分写得并不轻松。我曾在精神危机服务中心工作，同时也是一名应对学校"危机事件"的教育心理学家。我敏锐地意识到这样一个话题的沉重性，它可能会让许多读者有所触动。

请注意自我照顾，并花时间关照自己的需要。当你能够做到以上两点时，再继续阅读后续内容。

如果你有任何需要，本书的附录B列出了你可以寻求帮助的机构。

虽然幸运的是，儿童自杀事件非常罕见，但却很难预测。本节最后给出了一些青少年自杀的潜在预警信号，并提供了一些帮助，以指导你在识别出青少年的自杀风险时该如何做。这部分内容旨在帮助你更自信地正视这个问题而不是加以回避。

完美主义与自杀有着不可忽视的联系。

英国研究人员贝尔及其同事（Bell等，2010）发现完美主义对自杀的影响在学业成绩优异和有天赋的青少年中尤其显著，这类青少年更容易认为即使是非凡的成就也令人精神疲惫，而不是令人满意。[14]

由于存在以下三类有害因素，高完美主义倾向学生的自杀风险可能更大。

由自我施加的压力和期望导致长期的高压力水平

因为这些青少年长期将自己置于压力之下，所以他们的压力荷尔蒙可能会更高，同时长期的压力会让他们对表现感到焦虑。大脑分泌的压力相关化学物质的增加，意味着青少年解决问题的能力和整体应对能力大大降低。

- 众所周知，不断增加和长期存在的压力是导致自杀的风险因素。

因为失败感而极少寻求帮助或支持

高完美主义倾向的学生极少寻求帮助；他们甚至可能认为需要帮助是一种无法忍受的软弱表现，或者他们可能没有意识到自己可以从这些帮助中获益。这是因为他们认为自己"应该"可以应对：他们对什么是可预期的和合理容忍的事情的期望可能存在偏差。他们经常被描述为"躲在墙后面"，这意味着其他人很难发现他们遇到的任何困难。这些学生的社交生活可能比较局限，或者他们拥有的社会支持不知道"真实的他们"有什么想法和感受。

- 众所周知，缺乏高质量的社会支持是导致自杀的风险因素。

可能会充分准备并因此完成实际的自杀计划

这些青少年往往对控制、细节和精确度有很高的要求，并且对他们决定做的事情给予无与伦比的集中注意，所以他们的自杀计划可能非常周密并经过深思熟虑。

- 众所周知，明确的自杀计划是完成自杀的主要风险因素。

完美主义是一个严重的问题。
我们需要给予那些与完美主义思想作斗争的男孩更多关注。

在社会文化或相关研究的文化中，男孩和完美主义之间的联系都鲜为人知。在我们的刻板印象中，高完美主义倾向的人往往是女性，大多数研究也只研究了女性。然而，人们认为有许多年轻男性可能由于完美主义的想法如"需要保持全能的形象"而自杀。[15]在亚当斯和戈文德2008年的研究中，他们发现在青少年男性中，"传统男性意识形态"与完美主义存在很强的关联。

幸运的是，在过去的十余年里，对男性和完美主义之间联系的研究有所增加，突出了我们应该认真对待的问题。[16]不过，对于男性和完美主义之间联系的研究还有很长的路要走。当前的这些研究大多集中在年轻男性身上，并围绕身体意象、进食障碍和运动行为展开，较少研究关注具有完美主义倾向的男性学生的学习或社交状况。这一疏漏令人深感担忧。

除开自杀问题，当谈及死亡风险时，进食障碍在所有心理健康问题中引发的死亡率是最高的。这是由于进食障碍中限制饮食、暴饮暴食、过度排毒或过度运动可能会导致生理上的一些并发症。同时与此相关的是，长期压力与各种可能导致过早死亡的生理健康问题有关，如心脏病、中风、癌症、肺部疾病和肝硬化等。

这些风险或许比较低，但仍旧存在，且其影响可能是灾难性的。

自杀的预警信号

没有任何工具可以精确地预测自杀。卡特及其同事在2018年对自杀风险评估工具的综述中阐明，临床上迫切地需要一种合适、可靠和有效的可应用于儿科的工具来评估自残和自杀的直接风险。目前有一系列可用的，同时也是足够好的自杀风险评估工具。综合来看，我们作为青少年生活中的成年人，是现有的最佳风险评估工具。

免费下载的在线风险评估工具包括：

· 自杀风险评估工具：青少年修订版（TASR-Am）；[17]
· 戴维斯评估处于危机中青少年的结构化访谈。[18]

此外，许多国家都有自己预防自杀的专用网站，提供包含自杀预警信号在内的一系列资源，如表2.1所示。

表2.2中的"预警信号"是从表2.1的资源中整合而来的。

表2.1　世界各地的自杀预防支持资源

地　区	自杀预防机构	网　　站
澳大利亚	澳大利亚预防自杀机构	www.suicidepreventionaust.org
加拿大	加拿大预防自杀协会	www.suicideprevention.ca
国际通用	国际预防自杀协会	www.iasp.info
爱尔兰	爱尔兰自杀预防机构	www.suicideprevention.ie
新西兰	新西兰"生命至关重要"自杀预防信托基金	www.lifematters.org.nz
英国	来自皇家全科医生学院的"心理健康工具包" 纸莎草青少年自杀预防中心 "了解并应对具有自残和自杀风险的青少年：给剑桥郡医师从业者的指南"	www.rcgp.org.uk/clinical-and-research/resources/toolkits/mental-health-toolkit.aspx www.papyrus-uk.org （将此标题"Understanding and responding to children and young people at risk of self-harm and suicide: A guide for practitioners in Cambridgeshire"输入互联网搜索引擎可检索相关pdf文件）
美国	美国预防自杀基金会	www.afsp.org

表2.2　自杀风险的预警信号

自杀风险的预警信号	注　　释
自杀家族史	这使得自杀在青少年心目中更具实践的可能性。
精神疾病	被诊断出的心理健康状况会使青少年更脆弱。
药物滥用	这会使青少年更加鲁莽和冲动。在药物滥用的24小时内，自杀风险会大大增加。
自残	特别是在自残的严重性增加并且与"更危险"的行为相关时，例如小剂量用药过量，副作用可能会随着时间的推移而增加。
社会支持差或身处问题环境	青少年可能试图独自应对巨大的孤独或孤立自己。
抑郁症状	包括缺乏快感、饮食/睡眠/活动的改变、愤怒/冲动、哭泣增多或情绪表达减少以及感觉当前的问题似乎无法解决，同时青少年也感到绝望和无助。
精神病症状，包括指令性幻觉	即幻觉告诉他们杀死自己或其他人。
增加宣泄和冲动行为	他们可能会表现出更多的"危险"行为，也许与性行为有关，比平时出现更多的意外或放弃他们的财产。

自杀风险的预警信号	注　释
自杀意念	他们有自杀的想法，并且可能会经常产生这样的想法。他们可能会谈论死亡并付诸行动。
自杀计划	对于如何结束自己的生命，他们已形成计划。他们已经考虑过如何、何时和何地自杀。
获得致死手段	例如他们的自杀意图可以达成的方式，如"武器"、药物、高处。
自杀未遂	以前尝试过自杀行为会使未来更有可能再次实施自杀行为。

如果青少年存在上述多种自杀预警信号，则可以认为他们的自杀风险较高。

如果注意到青少年存在自杀风险该怎么办

就这个问题，有一系列相关的指南可供参考，本书没有深入介绍这个领域。但是，对"如果注意到青少年存在自杀风险该怎么办"这个问题作简要提示，我觉得是有必要的。

- ✓ 立即制订安全计划，其中包括青少年及其家庭和学校工作人员可采取的一系列措施。
  - 青少年：
    - * 让他人知道你的状况（以令你感觉舒服的方式；可以使用文字、图画、写笔记，或以约定的方式行事）；
    - * 待在公共场所；
    - * 专注于一项任务来分散注意力；
    - * 使用"安全疼痛"技术；
    - * 跟朋友聊天。
  - 青少年的家人：
    - * 取走可能危害生命安全的一切工具；

* 约定"检查"的频率；

* 保证房间门可以打开；

* 花时间与青少年待在一起以分散其注意力；

* 花时间与青少年交谈或聆听其话语；

* 策划组织活动；

* 如果你无法保证青少年的安全，要了解机构的紧急联系方式，制订明确的行动计划（例如，拨打紧急服务电话或在医院急诊部陪伴青少年）；

* 考虑向儿童和青少年心理健康服务机构寻求进一步帮助。

– 学校教职员工：

* 在学校提供安全空间；

* 安排指定的老师与之交谈；

* 鼓励青少年参与课程和学校活动；

* 酌情检查他们的时间表；

* 提供心理咨询或校医的支持帮助；

* 解决深层次问题；

* 通过积极的活动和责任意识帮助学生建立自信和自尊；

* 考虑向儿童和青少年心理健康服务机构寻求进一步支持。

✓ 定期审查安全计划，以评估青少年的风险变化。尽可能地包容青少年，但要保持警惕；他们情绪上明显的改善也有可能是一种预警信号，表明这个学生已经决定结束自己的生命并计划好怎样实施。

✓ 自我关照。正如飞机上的安全提示一般：我们必须先戴上自己的氧气面罩，然后才能帮助他人。对我们来说，至关重要的自我关照包括努力腾出时间：

– 好好吃饭，锻炼身体；

– 充足睡眠；

– 找机会放松；

- 与让我们感觉良好的人共度时光；

- 反思我们能控制和不能控制的事情；

- 做好时间管理；

- 寻求帮助；

- 提醒我们自己喜欢青少年的什么。

有关如何制订安全计划的在线指南，请访问：www.staysafe.net/home；有关如何开展自我关照的在线指南，请访问：www.papyrus-uk.org/im-worried-about-someone-how-can-i-look-after-myself。

完美主义是问题的根源还是问题的表现？

完美主义被认为是一系列心理健康问题的根源。[19]由此，在完美主义尚未被解决时，对心理健康问题的治疗结果往往是令人失望的。

然而，如第1章所述，将完美主义视为因潜在需求尚未满足而产生的症状，而非问题本身，可能更有助于解决问题。没有足够有力的证据表明单独治疗完美主义的效果，也没有证据表明实际存在的问题是青少年自身的问题：

· 现有的治疗文献聚焦于个体改变自己的需求上，而不是探索他们所处的环境和生活中的重要他人是如何发展和维持无益的信念和行为的。

这是一种污名、孤立和剥夺权力的观点。

将完美主义视为潜在需求未得到满足而产生的表现，这一观点也会在青少年身上寻找"问题"，但却没有：

· 将青少年视作险恶的、不寻常的、不正常的或"错误"的。这种观点还提供了一些方法，能够令环境和成年人作出改变，让事情向利好方向发展。

这是一种正名、肯定和赋权的观点。

图2.1更清楚地展示了这一想法。

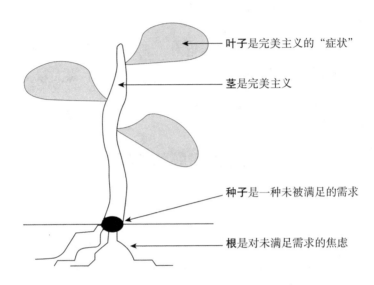

叶子是完美主义的"症状"

茎是完美主义

种子是一种未被满足的需求

根是对未满足需求的焦虑

图2.1 关于完美主义的"根与叶"模型

下一章我们将探讨完美主义的一些虚假"好处",并思考为什么对有些人来说改变非常困难。

注释

1. 认为完美主义具有破坏性影响或将其与可诊断疾病联系起来的研究范例包括：Dour and Theran (2011); Haring, Hewitt and Flett (2003); Hewitt and Flett (1991); McWhinnie and colleagues (2009); O'Connor, Rasmussen and Hawton (2010); Shih (2012).
2. 失败感、内疚感和羞耻感 (Hewitt and Flett 1991).
   对愤怒的不恰当表达 (Hewitt et al. 2002; Öngen 2009).
   心理防御，对批评过分敏感，容易产生社交焦虑(Flett, Coulter and Hewitt 2012; Roxborough et al. 2012).
   压力和痛苦(Damian et al. 2014).

挑战完美主义：优化青少年成长的心理指导手册

精疲力竭(Bell et al. 2010)。

头痛 (Kowal and Pritchard 1990)。

侵入性心理意象 (Lee et al. 2011)。

睡眠问题，尤其是失眠（可能是由于高压力水平以及生活活动的平衡程度较低；Azevedo et al. 2010）。

低自尊(Rice and Preusser 2002)。

消极的应对方式 (Chan 2007)。

社交功能和领导力薄弱 (Chan 2007)。

社交孤立 (Flett, Coulter and Hewitt 2012)。

网络通讯工具的不当使用 (Casale et al. 2014)。

拒绝上学，"自我设限"，回避表现和低成就(Atkinson et al. 1989; Kearns, Forbes and Gardiner 2007; Greenspon 2000; Shaunessy 2011; Damian et al. 2014)。

拖延 (Burnam et al. 2014)。

效率较低，导致表现不佳 (Stoeber and Eysenck 2008)。

学业倦怠 (Saviz and Naeini 2014)。

3. 例如，Blankstein and Lumley (2015); March et al. (1997)。

4. 例如，Besharat, Azizi and Poursharifi (2011); Enns, Cox and Clara (2002); Neumeister and Finch (2006); Stoeber (1998)。

5. 例如，Conners et al. (1998)。

6. 例如，Greenaway and Howlin (2010); Fung (2009)。

7. 例如，Corry et al. (2013); Fletcher et al. (2019)。

8. 例如，Buhlmann, Etcoff and Wilhelm (2008)。

9. 例如，Affrunti and Woodruff-Borden (2014)。

10. 例如，Boone, Claes and Luyten (2014); Franko et al. (2004); Leung, Wang and Tang (2004)。

11. 例如，Park et al. (2015)。

12. 例如，O'Connor, Rasmussen and Hawton (2010)。

13. 例如，Flett (2014); Nauert (2014); Beevers and Miller (2004); Dahl (2014); Donaldson, Spirito and Farnett (2000)。

14. Bell et al. (2010, p.253 and p.257)。

15. Törnblom, Werbart and Rydelius (2013)。

16. 例如，Rivière and Douilliez (2017); Schwartz and colleagues (2010); Hasse, Prapevessis and Owens (2002); Boone and colleagues (2012)。

17. Kutcher and Chehil (2007)。

18. Davies (2013)。

19. 例如完美主义的"根与叶"模型，Shafran, Egan and Wade's (2010)。

第3章　完美主义的虚假好处

"高目标、高专注和高付出必定是好事吗？"

很少有人会质疑上面这个问题。对于教育和未来生活而言，设立高目标、保持高专注和坚持高付出肯定是好事。人们也因此经常将完美主义与这些特质联系起来，相信完美主义在很大程度上是一件积极的事。我希望在本章结束时，你会明白人们感知到的这些完美主义的好处实际上只是一种幻觉。

我坚信不存在"积极"或"健康"的完美主义，也支持该领域主要研究者弗莱特（Flett）、休伊特（Hewitt）和格林斯邦（Greenspon）所持的观点，即从长远来看，所有形式的完美主义都是不健康的。格林斯邦相信"健康的完美主义是一种自相矛盾的说法"，并认为"相信有健康的完美主义"这一观点会对儿童的成长有潜在危险。[1]但并非所有人都认同这种观点。鉴于"抑郁症和进食障碍患者中完美主义思维"的盛行，研究者李普曼（Lippman，2012）问道："为什么有些学者仍然主张完美主义可以是健康的呢？"[2]

那究竟是为何呢？完美主义到底有什么好处？让我们更深入地探索关于完美主义"好处"的观点，它们是在研究及流行文化中都不可忽视的。或许你对此也有自己的看法。

吸引力

许多人称自己为"完美主义者"，且这个词经常被用来描述学术界、体育界、娱乐界、政治界和商业界的一些卓越人物，包括：

- 足球传奇，克里斯蒂亚诺·罗纳尔多（Cristiano Ronaldo）
  - 销售组织"绩效前沿"（Frontier Performance）将他描述为"完美主义的典范"，并探讨了"完美主义是如何推动罗纳尔多前进的"，以帮助销售人员更好地履行职责（Frontier Performance，2019）。
- 网球巨星，塞雷娜·威廉姆斯（Serena Williams）
  - 名为"网球运动心理学"（Sports Psychology for Tennis）的在线心理训练网站将小威的"场上爆发"与她的"完美主义态度"（Cohn，2013）联系在一起，同时美国《体育新闻》（*Sporting News*, 2014）杂志将她描述为完美主义者。
- 媒体名人/企业家/社交名媛，金·卡戴珊（Kim Kardashian）和嘻哈明星/企业家丈夫坎耶·维斯特（Kanye West）
  - 心理健康核心网站（PsychCentral, 2014）将这对驱动力极强的夫妇都描述为完美主义者，并暗示这是他们成功的动因之一。
- 说唱明星，埃米纳姆（Eminem）和德瑞博士（Dr Dre，即安德烈·罗米尔·扬）
  - 英国《独立报》（*The Independent*，2009）将德瑞博士称作"臭名昭著的完美主义者"，而爱德华·霍普金斯（Edward Hopkins，2018）则表示"我们都知道埃米纳姆是一个完美主义者"。
- 美国前总统和商业大亨，唐纳德·特朗普（Donald Trump）
  - 总统大选前，《卫报》（*The Guardian*, 2015）用"完美主义者"一

词形容特朗普。

似乎每天都有人假定完美主义与成功相关联，且成功等同于幸福。父母和老师倾向于从积极的角度来形容孩子的完美主义，最终将"完美"视为积极、可取的品质。然而，其实"完美"这个词本身就有误导性，对"完美"一词的使用是多方面的。

· 在绝对的字面意义上，"完美"表示的是尽可能地好，没有错误或缺陷，或者符合理想标准。

· 在更具有相对意义的表达层面上，"完美"表示当下的满意。例如，表达我们对餐厅食物的满意（即使食物并不是严格意义上的"完美"）；或者作为对某人的回应，为其在某一天或某个时段为我们做了什么表示感激（如晚上7点从车站接我们回家）。换句话说，完美表示我们此时此刻的需求得到了满足。

谈及完美主义时，对"完美"的理解可能与以下两种含义之一相关，或者与两者都有关：完美无瑕和/或取悦他人。对许多人来说，这两者都是非常激励人心的，并通常与成功有关。美国网站"study.com"（2019）描述了"完美主义者的完美职业生涯"，指出"完美主义者几乎可以胜任任何职业"，并特别点明如下职业特别适合"完美主义者"：会计师、口译员、外科医生、编辑。这些职业显然对精确性和准确性有很高的要求，然而这并不是完美主义的全部内容。

在研究领域，多项研究通过与"非完美主义者"相比较，将完美主义与以下理想目标联系起来：

· 更高的生活满意度；[3]
· 更低的抑郁水平；[4]
· 更优秀的业绩；[5]
· 更大的成就；[6]

· 在同辈人中更受欢迎。[7]

与此相关的是，一些现有的完美主义评分量表强调了一种"高适应性"的完美主义，归属于这种类型的人通常被描述为"健康的高成就者"。这种观点认为存在一种可帮助个人发挥作用并取得成功的完美主义。成功通常与幸福联系在一起，因此，当完美主义能够引领某人成功并使他们对生活感到满意时，它就被认为是有益的。但这是一种错觉。

通过查阅文献以及我对这一领域的研究，"完美主义是有益的"这种错觉有以下五种常见的表现方式：

1. 完美主义会带来好的结果。
2. 完美主义让人远离不良品质。
3. 完美主义可以帮助个体应对难题。
4. 完美主义赋予个体身份。
5. 完美主义是通往信仰之路。

下文将依次讨论上述内容。

1. 完美主义会带来好的结果

示例：有一类人认为别人喜欢他们是因为他们的妆容、穿着以及发型，如果对他们来说其他人的喜欢很重要（希望被别人喜欢是大多数人的本性），那么他们可能就会在外表上花费大量的时间、金钱和精力。然而，如果他们做一个认知行为实验，并真正找出别人认为他们有吸引力的地方，他们可能会惊讶地发现，令他人喜爱的是他们自己，而不是他们的外表。但只要这类人相信是他们的外表让别人喜欢他们，并且被喜欢对他们来说很重要，他们也许会继续高强度地维护和保养其外表。

换句话说，个体以为"好"的结果源于完美主义，实际上这些结果是由其他原因造成的。

这是一种普遍而危险的错觉，使个体陷入完美主义。

错觉

完美主义并不是让一个人成功的原因。这是一种可能会持续存在的错觉，因为部分高完美主义倾向的学生看起来非常成功。因此，我们很容易将完美主义与成功联系起来，甚至相信是完美主义导致人的成功。当然，完美主义是"高成就群体的一个重要属性"，[8]也被高成就者及其身边的人认为是他们成功的决定因素之一。

这种关于完美主义的普遍误解受到了许多批评，例如：

· 美国儿科学会认为，"健康的高成就者"和"完美主义者"之间是有区别的。[9]

· 美国完美主义研究者格林斯邦解释说，"努力做好"和"追求卓越"的特征与完美主义混淆在一起了，但其实并不能将其归因于完美主义。[10]

· 英国研究人员沙夫兰（Shafran）、伊根（Egan）和韦德（Wade）断言，"明晰完美主义与健康地追求卓越或追求成就之间的区别对我们来说非常重要"。[11]

当更仔细地研究完美主义与成功之间的联系时，人们常在"成功"学生身上发现以下宝贵特质：

· 高期望；

· 注重细节；

· 精确性和准确性；

· 条理性；

· 专注度；

- 驱动力/有抱负；
- 努力工作；
- 遵守承诺；
- 对表现进行反思；
- 从错误中学习。

我们要先声明，这些都是理想的学习技能，它们可归因于比完美主义更可取的概念："最优主义"（optimalism）。我们将在第4章中进一步对此概念进行解释。

危险

鉴于高完美主义倾向的人可能具备上述重要特质，那么为什么不是他们的完美主义促成了他们的成功呢？混淆和错觉可能就来自完美主义与其中一些理想的学习技能的结合，使得完美主义看起来似乎是这些行为的基础。

上述理想的学习技能在与完美主义特质结合之前都是健康的、可取的，例如：

- 高期望和高志向是有益的，除非它们与对失败和错误的低容忍度相结合。
- 注意细节是有帮助的，除非它与无法或拒绝看到更大格局相结合。
- 对成功的决心是有帮助的，除非它与无法放松相结合。
- 能够抛开情绪来完成任务是有帮助的，除非它与完全拒绝感受情绪相结合。
- 重视成就是有帮助的，除非它与无视其他领域的价值或对其他领域都不感兴趣相结合。

这些完美主义的态度有助于暂时增强理想的学习技能，但以"一孔之见"看待这些方法实际上反而使它们失效了。用狭窄的视野看世界，会让人更着眼于短期收益，从而增加了长期倦怠的风险。

因此，实际上对完美主义更恰当的理解是：它是一种"毒素"，会导致健康的学习行为对个人而言变得不那么健康。均衡发展、培养灵活性和同情心才是重要的方法，这些将在第6章中详细讨论。部分高完美主义倾向的学生可能会取得成功；然而，如果抛去完美主义，他们可能会达到更高的高度，拥有更健康的情绪状态。

陷阱

在考虑对完美主义作出改变的动机时，这种错觉会带来显著影响。尽管存在不利的后果，但由于人们认为完美主义能带来收益，特别是如果个体觉得完美主义带来的收益对自己来说有价值，这种错觉便成为改变的障碍。

在我的研究中，这一点特别明显（见附录A），青少年、教师和家长通常将完美主义与积极的行为（如努力、尽责和保持整洁），以及理想的结果（如成功和自信）联系起来。然而，他们也将完美主义与不太积极的想法和感受联系起来，例如压力、偏执、折磨、恐惧和痛苦。尽管如此，但理想的结果似乎更加激励人心，以至于可以让人忽略那些不太愉快的想法和感受。换句话说，"如何到达那里并不重要，只要到达那里即可"。唯一重要的只有目标。

还有一种偏见认为高完美主义倾向的学生似乎不太可能犯错，他们实际上真的是完美的。换句话说，人们认为这些人就是完美无瑕的，而不是仅仅追求完美无瑕。因为错误通常被认为是一件坏事，犯错误往往与消极的甚至灾难性的结果、某人是"失败者"的想法相关，所以人们倾向于认为"理想"的学生是不犯错误的。这违背了"成长型思维"文化的发展方向——在这种文化中，错误被视为通向更深入学习和进步的途径。犯错是发展的关键部分，但对于高完美主义倾向的人来说错误却是灾难性的。如果我们停下来反观某些"理想"的学生，我们会意识到他们不太可能进行任何高质量的学习，也不具备高等教育和"现实世界"所需的心理韧性。

冲突

成功总与幸福和满足联系在一起。对于高完美主义倾向的人来说，完美主义被视为成功之道。然而，这会导致内部冲突，因为完美主义也与压力、偏执、恐惧和痛苦等不太积极的想法和感受有关。因此，个体将面临一个悖论：完美主义让我成功，成功让我快乐，但完美主义也让我痛苦。一个高完美主义倾向者如何才能既成功又快乐？

完美主义、成功和幸福不能共存。

对于某些人来说，这种认识足以引发自我改变。我们不能停留在内在冲突上，要么尝试忽略这个冲突，要么采取行动来改变我们的观点。这种内部冲突被称为"认知失调"：是一种由持有的相互矛盾的信念、想法或价值观引起的心理不适。与此对应的解决方案是接纳以下观点：完美主义并不是使某人成功的原因，高完美主义倾向者获得的任何成功都不可能使他们真正快乐。真正的幸福来自个体行为中的愉悦感和意义感，[12] 对于高完美主义倾向的学生来说，这两种感受都可能是缺失的，或即便存在，充其量也只是肤浅的。因此，一定是其他因素推动了成功。那些"其他因素"将在下一章中加以阐述。

对于某些人来说，他们会通过尝试无视冲突并继续保持原样来解决他们的认知失调。相较于学习以不同的方式思考世界，熟悉感更令人觉得舒服。这是一种解决不适感的应对机制，但随着时间的推移，它还是会受到挑战，并促使个体学会用新的方式来容忍不适，因为以完美主义来指导生活会带来一系列负面结果。

总结

本章开头提出，高目标、高专注和高付出是好事。总的来说，很少有人会对此提出异议。但是，当受到完美主义的驱动并因此失去平衡时，高目标、高专注和高付出就不是好事了。对某些人来说，它们可能会带来短期收益，但或许也会导致长期痛苦，本质上将扼杀进步和成就。当人们表现出对卓越的健康追求时，他们是被更积极和稳定的内在想法和感受所驱动，因此更有可能获得持久的成功和健康的情绪状态。

这个部分讨论了人们对理想结果的寻求。下一个部分将采用不同的视角，讨论完美主义的另一"好处"：阻止人们成为他们不愿成为的样子。

2. 完美主义让人远离不良品质

示例：一个非常在意自己体重和体形的人，会认为与自己相反的人是懒惰的、超重的和令人讨厌的。这个人很可能会不遗余力地关注自身的卡路里摄入量、锻炼水平和外表。他们担心一旦他们停止关心自己的身体形象，哪怕只是片刻，可能就会突然变成他们最害怕的又胖又丑的模样。这是一个非黑即白、灾难化的想法的典型例子：持有这种想法的人认为如果不能保持他们自认为的美好形象，将会使自己身处滑坡，成为自己最糟糕的噩梦，让自己成为一个没人想要的人，变成无法忍受、与自己想成为的人"相反"的样子。

换句话说，这样的个体坚持完美主义，是因为成为理想的"对立面"实在太难以忍受了。

这种普遍而强大的恐惧感使个体落入完美主义的陷阱。

对"非完美主义者"的刻板印象

改变完美主义的一个巨大障碍是对于变成完美主义"对立面"的恐惧，这往往也被视为完美主义的好处之一。你会如何描述完美主义者的对立面呢？基于大众对完美主义者的刻板印象，许多人认为"非完美主义者"可能包括一系列"不受欢迎"的特征，例如：

挑战完美主义：优化青少年成长的心理指导手册

- 懒惰的；

- 漠不关心的；

- 缺乏动力的，不在乎任何事；

- 不专心的；

- 失败的；

- 具有破坏性或叛逆的，不遵守规则；

- 粗心大意的，会犯很多错误；

- 常常冒险且冲动的。

大多数学生、教师和家长都表示他们不想这些品质出现在自己或是青少年身上。

回避

在没有意识到完美主义的危险，缺乏对完美主义本质了解的情况下，青少年、教师和家长普遍希望自己和学生具有高完美主义倾向，而非相反！对于许多人来说，完美主义的一个明显好处是避免具备上述一个或多个处于完美主义对立面的不良特质。因此，人们认为完美主义可保护他们免受这些不受欢迎的不良特质的影响——这些存在方式对他们可能意味着什么，或者如果他们成为这样的人可能会发生什么。

- "只要我追求完美，我就不会成为那样的人"（成为那样的人会导致我被拒绝）。

- "只要我的学生认真对待学习任务，他们就不会失败"（我就不会被视为无用的老师）。

- "只要我的孩子表现得很好，他们就不会被视作'淘气鬼'"（我也不会被视作坏父母）。

这样归因是错误的。人们假定完美主义使他们免于成为（被视作）懒惰、不成功和不听话的人。这些不良特质会导致被拒绝、被隔离甚至被遗弃。因此最终，他们相信完美主义可以保护他们免受拒绝之苦，它给人一种被接纳的感觉。这是一种生存方式。但这种想法"错"在"保护"他们远离这些特质和深层次恐惧的并不是完美主义。在上述例子中，"保护"他们的更有可能是勤奋、专注和服从这些特质。这将在下一章作进一步探讨。

冲突

在我的研究中，很明显，尽管许多人会将非完美主义者与上述不良特质联系起来，但他们也可能认为这些非完美主义者比高完美主义倾向的人有更多更愉快的想法和感受，如满足、平静和放松。一个非完美主义者大概是这样的：

- 更有可能"随大流"；
- 不渴求"成为最好的"；
- 可能对自己和他人不那么挑剔；
- 似乎不介意犯错；
- 有信心承担风险；
- 对他们所拥有的事物和现状感到满意。

那么，如果这种类型的人虽不太可能成功但有可能更快乐，那么我们如何能继续将成功与快乐联系起来？

上述认识可以促使人们对成功和幸福产生更多的思考和理解，以及对这些事物如何与完美主义联系起来产生更多的想法。"灰色地带"变得越大，完美主义就会变得不那么"非黑即白"。这可能是一段充满困惑的时期，因为我们的大脑正在试图弄清楚我们相信和理解的是什么。下一章提供了解决

挑战完美主义：优化青少年成长的心理指导手册

这一冲突的方法，同时展示了一则好消息，即成功和幸福可以同时实现。

更加理想的"对立面"

目前对完美主义的认识有两个问题：一是对高完美主义倾向者（高成就者，良好的学习技能）的描述不准确；二是将不良品质归属于低完美主义者（低成就者，较差的学习技能）并不恰当。与高完美主义倾向者一样，低完美主义倾向或者根本没有表现出完美主义倾向的人，实际上比片面单一的描述更立体、更多维。他们的表现也不比人们基于刻板印象作出的评价差。下一章描述了完美主义的"积极对立面"，以挑战惯常想法，即认为完美主义者的对立面是我们绝对不希望自己或我们的学生成为的那种人。

总结

如果所谓的负面结果确实存在，那么避免出现负面结果将是完美主义的益处。本章的前两个部分挑战了目前人们对完美主义和非完美主义的理解方式，质疑了完美主义的所谓"好处"。

下一个部分将采取一种富有同情心的视角，即认为完美主义对某些人来说更像是"有益的"，无论其定义如何。

3.完美主义可以帮助个体应对难题

示例：有的人在离开家之前会反复检查所有东西是否已关闭，反复确认家里的锁是否都已锁上。因为到目前为止，既没有发生过房屋火灾，也没有发生过入室盗窃，所以人们相信他们需要进行多次检查，而且是他们的行为确保了家庭的安全（在他们看来）。如果他们相信这些是有效的，那么他们为什么要改变呢？

多重检查占用了太多时间，以至于他们经常匆忙赶去目的地，或者迟到。他们可能会因为自己的"强迫性"做法而被朋友和家人讽刺或嘲笑。也许这种不得不一而再、再而三检查的想法本质上是带来压力和侵入性的，并不能让人安心和平静。也许这样的人有双重体验：我需要继续做我正在做的事情，同时我也希望我能改变／以不同的方式处理这个问题。

换句话说，完美主义的想法和行为是他们迄今为止让自己感到"安全"并尽其所能应对生活的方式。

这种复杂而依赖的关系使个体陷入完美主义。

一种被需要的应对方式

完美主义的主要"好处"似乎是作为一种应对技巧。它代表了一种看待自己、他人和世界的方式，帮助青少年成为今天的自己。就"安全"而言，它帮助他们"融入"家庭，在学校中表现良好，并能应对来自生活的挑战。可能对许多人来说，它在其多年的学生生涯中持续地作为一种应对机制发挥作用；毕竟，学校环境通常会强化那些追求成功、把错误最小化和抑制情绪表达的想法。它也可能作为进入成年早期的应对技巧来发挥作用。追求完美似乎帮助人们避免了不愉快的对抗和不舒服的情绪，并促使人们继续成为他们认为自己应该成为的那种人，以满足自己的需求。

然而，完美主义作为一种应对方式的有效期是有限的，因为它无法承受生活中一些更具挑战性的部分。现实世界是如此混乱和不可预测，个体无法对情绪和行为进行严格的控制。

在青少年拥有替代的应对技巧之前，他们会坚持使用他们过去惯用的技巧，即使他们知道这些技巧会产生负面影响。

高完美主义倾向的青少年所经历的一些压力来自想要与众不同和减轻压力的愿望，但他们不知道该如何做到这一点。压力越大，就越需要应对技巧。通过一次又一次重复，完美主义思维及行为的熟悉程度得到加强，成为恶性循环，这单靠青少年自身是不容易打破的。

是时候说再见了

花点时间考虑一下成年人生活中不可避免又无法控制的"大事件"。同时也花点时间考虑一下作为成年人所承担的广泛责任——我们在童年和青春期对这些责任的应对经验是有限的。你能想象在经历这些事情的同时还要平衡你的责任，不让自己有感受，不可以脆弱，不能冒险解决问题，还须"从风暴中幸存"，并且不让自己寻求或接受哪怕一点儿支持吗？

与其妖魔化完美主义，我更倾向于将其视为一种应对方式，其目的是确保个体的安全。它帮助人们在一个令人不知所措和难以理解的世界中得到某种控制感。但现在是说谢谢、再见，并欢迎新的和更健康的生活方式的时候了，这将使青少年有更多机会获得丰富而充实的体验和技能，以应对生活给他们带来的任何挑战。这不是一个简单的告别！正如成瘾和自残一样，这些方式也可能被理解为人们试图用来控制痛苦或令人崩溃的情绪的应对技巧，但人们需要渐进的、新的、更好的应对方式。这将需要大量的耐心、承诺和同情心。

总结

将完美主义作为一种应对技巧是其最实在的"好处"。严格控制自己的情绪并以特定方式行事可能非常有效，帮助青少年让世界变得更加可预测，从而使他们感觉自己可以应对。然而，考虑到第2章中讨论的风险，明智的做法是告别完美主义，并采取一种更有可能带来持久成功和幸福的新的应对方式。当然，我们这样做时必须非常谨慎，以免无意中引入其他不健康的应对方式。

下一个部分探索了关于完美主义的"更深层次"的解读，一种带来了挑战的理解版本。

4. 完美主义赋予个体身份

示例：有一类人相信完美主义是一种人格特质，这种特质与生俱来。他们在整个童年都被其他人——他们的家人、朋友和教师——称为"完美主义者"。完美主义成为一个标签，成为他们如何看待自己的一个重要组成部分。"我是一个完美主义者。"完美主义成为他们言行举止的一种解释、一个借口。当他们听到人们说完美主义是"不健康的"或"不好的"时，或者当完美主义受到嘲讽时，他们会感到困惑和痛苦。这是否意味着他们也是"不健康的""不好的"或"可笑的"呢？在这种情况下，为什么人们还不断赞美那些特质？他们的内心会产生一个痛苦的声音："我该成为什么样的人？"

换句话说，"做一个完美主义者"给予了个体一种自我意识。如果没有这个特质，那他们是谁？

这种对自我意识的需要使个体陷入完美主义。

稳定性

我们的身份——使我们成为我们自己的持久品质——帮助我们在各种不同经历中感到稳定。它不受日常事件的影响，并经由挑战和成就得到加强或巩固。一个人的同一性将他们"锚定"在他们的生活中，并帮助他们与他人——他们"认同"的人——建立有意义的联系。它以他人可以预见的方式指导他们的选择和行为。这可以从他们的着装方式、他们参与的活动以及他们的人生道路等方面看出。具有稳定身份认同的人有明确的行为模式以及看待自己和他人的方式。这些有助于减轻外界压力。

对于一些具有高完美主义倾向的青少年来说，他们的身份认同可能是围绕着自己是"完美主义者"的想法而建立的。这个想法，无论对他们而言是积极的还是消极的，都会在遭遇挑战或者环境发生改变时，为他们提供稳定和恒常的感受。在许多方面，这似乎是完美主义的"好处"，因为它为个体奠定了基础并赋予了他们控制感。它还使他们更容易被他人了解，因此其他人可能会以稳定和一致的方式对待他们，这也可以帮助他们在各种经历中获得更大的控制感。

不稳定性

没有明确的身份认同可能会令人不安，并带来一系列情绪和行为问题。自我意识不稳定、身份认同不持久的人更容易出现心理健康问题。有些更严重的心理健康状况表明个体的身份认同完全是不稳定的，例如人格分裂症和边缘型（情绪不稳定）人格障碍。

一个对自己是谁没有稳定意识的人可能会用行为来试图向他人展示自己的某种形象，以"补偿"或试图掩盖他们内在真正的自我。保持这种"行为"可能会让人筋疲力尽且难以持久，从而导致一系列社交—情感问题。为了"找到"自己是谁，他们也会通过尝试使用不同的行为方式，体验不同的人格面貌。这些尝试可能会让他们自己和他人感到不安。对稳定性、恒常性和可预测性的需求是人类的天性。自我身份认同不稳定的人不太可能表现出这些特征，即便他们呈现出这种状态，也很可能是不可持续的。

什么是"正常的"？

自我身份认同不稳定的时期是人生中的正常阶段。这种"自我认同危机"是人类个体发展的一个典型阶段，在生命周期的不同阶段中都会出现。正如青少年时期人们为了"找到自己"而追求独立，尝试不同的穿衣打扮风格和举止言谈方式。类似的情况还有中年阶段，人们为了追求自由和乐趣而改变日常行为和生活方式。

随着新的体验出现，我们的身份也可能在生活的不同阶段受到挑战。比如成为父母、找到工作、失去所爱、经历重大变故、取得惊人成就或跌入低谷等。人们必然会经历那些身份认同发展的阶段，其中也包括我们在适应不断变化的角色时不安的时期。

最后，我们的身份认同也可能因参与不同形式的心理治疗而变得不稳定——心理治疗促使我们发展更多的自我意识，思考我们是谁。让别人评论或者质疑自己或自己的行为可能会导致认知失调。试图解决这种不适通常是促进心理治疗取得"突破"和进步的原因。自我认同变化时期的状态可能是痛苦的，也可能是愉快的，或是痛苦和愉快之间的任意一点。将完美主义视为一种身份认同时要记住的是，我们的身份认同在整个生命周期中都会发生改变。人会变，没关系。

总结

我们都需要一种身份，对我们是谁形成稳定认知。没有这种身份认同，生活可能会更有压力，我们会感到失控。对一些青少年来说，完美主义可能是他们要紧紧抓住的"风暴中的锚"，以便他们在混乱的世界中感受到更大的稳定性。就像应对技巧一样，一个人的身份可以通过塑造和改造成为更健康和更具有功能性的事物。正如人们会贴上某些身份"标签"以帮助自身获得稳定感："艺术家""天使""酷孩子"等，所以"完美主义者"也需要在正确的方向上有一些温和的推动，从而以更加平衡和有益的方式看待自己。这显然需要时间、耐心和承诺。但是更重要的是，我们不希望青少年通过完美主义获得他们的身份，这会让他们追求无法实现的理想。因此，这种无法付诸实践的身份，使他们缺乏身份认同或处于冲突之中。在这种状态下，他们认为自己是"完美主义者"，但同时又觉得自己无法达到完美。

下一个部分会将上述内容结合起来，解决一些人在人生经历、应对技巧和身份认同中的特殊部分：宗教理念。

5. 完美主义是通往信仰之路

示例：一个全心全意相信自己宗教信仰的人，期望自己以某种方式行事，以实现特定的理想，所以一旦他们做不到，就会认为将产生严重的后果。他们可能对行为方式有一些较为极端的观点；可能一生都在不断追求成为其宗教信仰期望他们成为的人，可能会因为没有达到该信仰的"理想追随者"所期待的高标准而批评自己和他人。这或许会导致他们严格按照宗教的要求行事，而对于这一切其他人难以理解；若是他们没有这种理念，或许他们就不会这样做。他们不太会质疑自己的行为，因为他们的动机是无法通过科学加以解释的，也不太可能被那些不信奉其信仰的人所理解。

换句话说，有一种比科学研究更高远、更广大的事物正在控制个人的信念和行为。

这种不容置疑的信念使个体陷体完美主义。

真有这样一种完美的存在

在我试图让人们远离完美主义的过程中，我曾声称"没有完美的东西"，而这使我在研究中学到了宝贵的一课。我不再相信这种极端的说法，因为我有机会反思了在自己的生活中目睹和经历的许多"完美"时刻。我现在明白，"完美"的概念是主观的，它代表了个人价值观和个人经历：

· 一个人可以对另一个人表现完美，但对自己表现不完美。
· 一个人在自己心目中可以完美无缺，但对他们爱的人来说却远非如此。
· 一次经历可以是一个人的"完美"时刻，同时也可以是另一个人的"灾难"或"噩梦"。

然而，我研究中的一位参与者对上述想法表达了质疑，因为他是基督徒，他的信念是"上帝是完美的"，而他作为"好基督徒"的任务就是努力实现这种完美的想法——通过跟随耶稣，成为一个"完美的人"。对他来说，他的整个信仰都建立在对于"一个人可以而且应该完美"的理解之上。他的一生致力于在每一件事上尽其所能地做到完美，他也鼓励他的孩子们这样做。因此，对于某些人来说，宗教信仰可能暗示着完美是人们所期望的、好的事物，也是信仰的义务。

富有同情心的信仰

平衡、同情和爱可能被认为是世界主要宗教教义中比极端主义和批判更重要的部分，尽管后者受到更多关注。由此，可以假设宗教不希望追随者从事对自己有害的行为，包括限制他们的潜力和"天赋"。因此，宗教中任何对"完美"的呼吁都应该被明确地置于富有同情心的爱的框架内，这样就表明，不完美并不是失败，即便做不到完美，个体仍然被（其他人）爱着。

对于上文所描述的那位家长，我希望他能发展出一种具有细微差别的信念以取代"非黑即白的思维"，同时在他的基督教信仰中安然自得：

"我已经足够好了，同时我可以追求完美。"

对他的家人也是如此："我爱我的孩子本来的样子，同时我可以鼓励他们设定更高的目标。"同时持有这两个想法是一个复杂的过程，不过归根结底，这是灵活和明智头脑的标志。它引入了平衡和同情的重要概念，这有助于抵消无情的高标准带来的潜在危害。这部分将在第6章进一步探讨。

你不会伤害任何人，做你想做的吧

我不能对任何人的宗教信念提出异议或加以挑战。这些信念已经深刻印在他们心中，对许多人来说是不可动摇的，而且宗教信念对他们的身份认同以及对他们如何应对生活起落至关重要。然而，我能够且将会做的，是挑战那些会伤害任何人（包括那些持有这些信念的个体）的信念。

想要做到完美本身可能不是问题，实际上这可能是成长和成功背后的高度激励和驱动的力量。相反，当一个人未能满足高期望时产生的想法和感受才是痛苦的根源。那么是什么信念和渴望导致了一种强迫的而非驱动性的追求完美的冲动呢？

对这类人群，我怀疑他们的想法可能是，任何不够完美的东西都不够好。其信念是：

"我的目标是完美，一旦达不到完美，我就是失败者。"

这种信念也会被传递给他的家人："我希望我的孩子追求完美，一旦达不到完美就是失败者。"让人难过的是，从孩子不断恶化的心理健康状态和厌学情绪中可以看出这种信念的影响。

总结

完美主义可能反映了特定的宗教观点；然而，平衡和同情是许多宗教信念的组成部分，但完美主义却缺少它们。因此，以宗教的名义展示完美主义的人可能会错过其宗教教义的"大局"，未意识到宗教可帮助他们在忠于自己信仰的同时，过上更灵活、更令人满意的生活。在这种情况下，完美主义并不是一种好处，例如，完美主义并不能帮助信徒更接近神，但这并不能否认神的完美或"完美"生活存在的可能性。相反，追求完美可以与"我本来已经足够好"的信念相结合。

"好处"还是错觉？

以上五种让人陷入完美主义的错觉为大家说明了两件事：

· 任何与完美主义相关的"积极属性"实际上并不是完美主义独有的。
· 完美主义的任何"积极属性"都被完美主义的潜在危害所污染了。

下一章将介绍完美主义的"积极对立面"以及我们所有干预措施的目标——"最优主义",从而帮助你解决前述内容中提出的一些冲突。

注释

1. Greenspon (2000, p.197).

2. Lippman (2012, p.3).

3. Wang, Yuen and Slaney (2009).

4. Afshar *et al.* (2011).

5. Lundh (2004); Stoll, Lau and Stoeber (2008).

6. Roedell (1984).

7. Gilman, Adams and Nounopoulos (2011).

8. Bell *et al.* (2010, p.254).

9. American Academy of Pediatrics (2014).

10. Greenspon (2014).

11. Shafran, Egan and Wade (2010, p.14).

12. Ben-Shahar (2008).

第4章 完美主义的积极对立面

"足够好就非常不错了。"

我们已经探讨了完美主义及其风险和虚假的好处，现在我们将讨论本书的又一项重要内容：完美主义的"积极对立面"。这是必要的，因为除了错误地感知完美主义的所谓好处之外，人们对那些与高完美主义倾向者相反的人也存在常见的误解。

这类"低"完美主义倾向者，在许多人看来是这样的：

- 懒惰的；
- 无所谓的；
- 不太可能有成就；
- 可能具有破坏性，常常惹麻烦。

对于那些高完美主义倾向的人来说，以上认识是改变自己的强大障碍。他们担心如果削弱或者失去完美主义倾向，他们将成为自己不想成为的那种样子。他们生活中的重要他人——父母/养育者和教师——也不太可能希望青少年成为以上那种具有负面特质的人，因此更有可能强化他们认为与之相反的行为——完美主义。

完美主义的对立面是好的事物

当个体将完美主义与理想结果联系起来，害怕变成完美主义的对立面的时候，为了克服完美主义带来的困难，思考完美主义更"积极"和理想的对立面是有帮助的。创造一种相信成功与情绪健康可以并存的信念，将帮助人们解决成功与情绪健康之间的冲突。

本·沙哈尔（Ben-Shahar，2009）根据他自己的完美主义体验，引入了"最优主义者"这一概念来描述那种具有现实的高标准，同时对自己和他人富有同情心的人。

最优主义者是指接受生活所提供的一切并加以充分利用的人。

相较于"完美主义者"拒绝所有与自己完美无瑕的理想愿景背道而驰的事物（由此，当他们未达到自己不切实际的标准时就会难受），"最优主义者"接受失败、痛苦情绪、成功和现实的存在。他们根据实际可达到的标准来衡量成功和幸福。

"最优主义者"被认为具有以下特点：

- 健康的心态；
- 更平衡的思维过程；
- 更多样化的行为；
- 更健康的情绪。

这体现了一种"成长型思维"；不过，它或许为学生提供了一种比"成长型思维"更令人愉悦的说法——"最优"而不是"完美"，让人感觉更为可取且可以实现，特别是那些高完美主义倾向的人可能更注重结果，虽然"成长"这个概念让人感觉更重视过程，但可能不像"最优"那样具有激励

挑战完美主义：优化青少年成长的心理指导手册

作用。

与其鼓励学生做到完美或表现完美，我们更应该鼓励他们做到最优并表现最优，这将有利于他们健康的发展和后续的成就。这样重点就转移到只做实现预期结果所需的事情上，并富有同情心地把所有因素都考虑在内。

"最优主义者"与"适应性完美主义者"一词有着重要的区别。它消除了与完美主义概念的任何关联，正如第3章所探讨的那样，对许多人来说，完美主义的内涵可能会阻止积极的改变。

什么是最优主义？

最优主义与平衡、灵活和同情心有关。一个具有高最优主义倾向的人的自我价值，是其所有优点与缺点的合理和公平的平衡，分布在其生活的各个领域：

- 学校/工作；
- 健康；
- 人际关系；
- 日常生活；
- 社区/娱乐；
- 灵性/目标。

如果我们将上述这些领域想象成一个"饼图"，那么从图4.1中可以清楚地看到高完美主义倾向者和高最优主义倾向者的关注点之间的差异。在这个例子中，"学校/工作"是有成就价值的领域；然而，任何其他领域的占比也有可能会高得不成比例。

正如我们分析完美主义时所做的那样，现在让我们来看看与最优主义相关的想法、感受和行为。

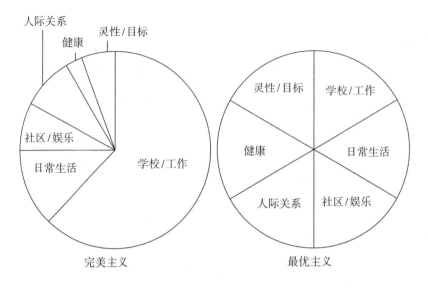

图4.1　从行为的平衡性上比较完美主义和最优主义

想法

- 具有合理的高标准；

- 将失败视为反馈；

- 同时专注过程和目标；

- 微妙且复杂的思维；

- 积极者；

- 宽容；

- 对建议持开放态度；

- 适应性强，具有动态性；

- 成长型思维。

感受

- 冷静的；

- 满足的；

- 自信的；
- 自豪的；
- 成功的；
- 健康的。

行为

- 认真的；
- 专注的；
- 好奇的；
- 冒险的；
- 有条理性的；
- 平衡的；
- 拥抱生活；
- 与社会相联结。

有些人可能相较于其他人已经拥有了更多的这类品质，但重要的是，这些都是可以学习的。

我们现在可以回顾一下第1章中所描述的连续轴：它显示了低完美主义倾向和高完美主义倾向之间的可能区间，清楚地表明从长远来看，任何水平的完美主义对个体都无益处。基于此，如果我们希望学生完全脱离这个连续轴，那么他们可以往什么方向发展呢？可采用另一类连续轴，如图4.2所示，一端是完美主义，另一端则是最优主义。

最优主义　　　　　　　　　　　　　　　　　　　　完美主义

图4.2　不同的完美主义连续轴

这是我们所有人都在其中的连续轴，而不仅仅是那些表现出完美主义迹象的人。完美主义的相反一端现在看来已经成为一个更可取的位置，而不是一个要回避的点。基于这一连续轴，我们可以更好地激励高完美主义倾向的学生远离他们目前的"固定"点，使他们不再"卡在"原地，也不再被"高"或"低"完美主义倾向所限制。他们甚至不必有任何完美主义的迹象！整个框架已经变得不那么"非黑即白"了，并且有很多选择。重要的是，这些选择可以直接反映青少年的价值观，而这些是"不那么具有完美主义"的框架所无法提供的。现在青少年被鼓励成为"最优主义者"，从长远来看是能够做到既成功又快乐的。这是一个具有激励性的、可期待的行动方案。

表4.1突出了完美主义和最优主义之间微妙但重要的区别。沿着连续轴的不同点，青少年总能给自己找到一个定位，而不会全有或全无。我们的"理想学生"将更接近于最优主义那一端，展示了更多表4.1中"与最优主义相关的因素"一列所描述的品质。

表4.1 与完美主义和最优主义相关的因素

与完美主义相关的因素	与最优主义相关的因素
· 渴望取悦他人/寻求认可	· 自信
· 执行任务前有担忧	· 对挑战感到兴奋
· 执行任务过程中有疑虑	· 对能力有信心
· 认真的、有条理的	· 认真的、有条理的；在适当的情况下，更加灵活和可变
· 对自己有高期望/标准	· 对自己有合理标准，能自我宽容
· 任务完成后关注错误	· 从错误中学习
· 需要被欣赏	· 自我有安全感
· 来自父母的压力大	· 父母是支持和鼓励的
· 完美主义式的自我驱动	· 谦虚、公正地看待自己的优势和不足
· 不暴露缺陷	· 能够与他人谈论自己的困难并乐于接受建议
· 感觉必须一直尽力而为	· 感觉必须在适当的时候尽力而为

与完美主义相关的因素	与最优主义相关的因素
· 感觉必须一直做到最好	· 感觉尽力而为比做到最好更重要；重视成长而不是"获胜"
· 认为别人对自己期望很高	· 认为他人对自己有合理的期望

为什么希望我们的青少年成为最优主义者？

正如没有单一的"完美主义者"一样，也不应将"最优主义者"视为某种特定的样子。因此，从此时起，我们将使用一种较为笨拙但以人为中心的表达——"高最优主义倾向"，以取代"最优主义者"的说法。

最优主义与教育、工作、休闲、健康和人际关系等方面的利益都有关联，同时还和成长型思维（即相信智力和其他能力不是固定的，可以通过努力和从错误中吸取教训加以发展）有关，这种思维会带来更好的情绪健康状态和更有效的学习。

最优主义可以被认为是"对卓越的健康追求"。

高最优主义倾向的学生感觉对他们的学习和环境更有控制力，因此更有可能过得健康、快乐，这些品质会带来更好的学习和成果。

应用最优主义者视角而不是完美主义者视角意味着青少年更有可能愿意冒险并将自己推离舒适区——这是取得真正进步和充分享受生活的做法。

具有最优主义倾向的人是终身学习者，拥有应对现实的能力，

这会帮助他们面对现实，承担计划内风险，并从经验中获得最大收益。

最优主义提供了一种平衡感。它将符合需求的行为和合理的态度相结合，看重具有合理期待的激励，使个体可能同时拥有成功和幸福。

具有高最优主义倾向的人与具有高完美主义倾向的人有同样大的可能获得成功（可能更多！），但基于其取得成功的方法，他们更有可能获得情感上的幸福。图4.3更清楚地显示了这一点。

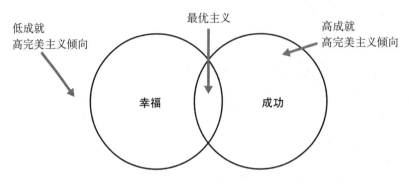

图4.3　完美主义和最优主义的成功与幸福

成功与幸福

本-沙哈尔在其2008年的畅销书《更幸福》（*Happier*）中说，幸福可以被认为是快乐和意义的结合：

快乐是指从某事中获得当前的好处。

- 对于一个可能专注于最终结果而不是享受当下的高完美主义倾向的人来说，这是具有挑战性的。
- 有些高最优主义倾向的人也会享受过程，从行动中获得当前的好处，因为他们以参与和学习为目的，享受参与和学习，促进成长！

意义是指从某事中获得未来的好处。

- 相较于眼前的好处，一个高完美主义倾向且以自我为中心的人，更倾向于选择意义。他们赋予未来好处的意义需要不断更新和强化，并与他们的自我价值紧密相连，而非与他们的个人成长或对更广大社区的利益相联系。

- 有些高最优主义倾向的人能够享受他们所做的事情带来的未来利益，即为他们的生活增值，帮助他们成长，并为更大的前景铺路。这是一个更广阔和平衡的图景，能带来更大的成就感。其部分原因可能是他们对自己拥有真实的而不是自大的自豪感，[1]即通过承担责任和真正的自尊体验到的自豪感，而不是由于自恋和羞耻。

因此，成功可以使一个人快乐，但前提是同时拥有快乐和意义这两个要素！相比之下，具有高最优主义倾向的人比具有高完美主义倾向的人更有可能获得。

良性的压力

在第1章中，我提到压力本身并不是一件坏事，它实际上可以激发成就。只有当压力水平变得过高时，它才会危害表现，因为在高压之下我们的大脑不再能有效运作，而进入求生模式。同样，当压力水平过低时，表现也会受到影响。

想象以下场景：

- 一件你不感兴趣的事情即将发生，你既不关心结果，也不关心表现。其他人对你表现的看法对你来说不重要。负责这件事的人员对你没有兴趣。此事与你的生活或你如何看待自己无关。你面对这件事时的压力水平非常低，因此你不太可能表现得特别好，甚至可能会回避该事件。
- 一件你全身心投入的事情即将到来。它对你来说非常重要，你的表现以及其他人如何看待你在此事中的表现也很重要。你对这件事的负责人怀有很大的尊重和钦佩的心态。你在这次活动中的表现对你的生活和身份至关重要。你面对此事的压力水平非常高，这会对你的表现产生负面影响，你甚至可能会回避该事件。

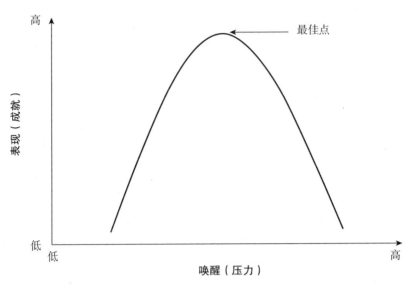

图4.4　耶克斯-多德森定律曲线

耶克斯-多德森定律[2]曲线（如图4.4所示）描述了唤醒（压力）水平和表现（成就）之间的关系，强调了在低水平和高水平的唤醒（压力）下，表现（成就）处于最低点。当处在最佳唤醒水平时，个人的表现将达到顶峰。因此，适度的压力有助于激励我们实现目标。

高完美主义倾向的学生可能会遇到上述情况。这有助于解释为什么高完美主义倾向的学生可能无法发挥他们的潜力。由于具备更平衡的推理和应对技巧，一个高最优主义倾向者更有可能找到中间点，因此能够更好地完成任务，无论事件对他们个人的意义有多大。

案例研究示例

目前还没有太多研究进一步描述最优主义，它对你来说可能是一个全新的概念。因此，为了让高最优主义倾向学生的形象更加生动，下文呈现了几个案例，源于我认识的并认为其具有某些"最优主义"品质的学生形象。

挑战完美主义：优化青少年成长的心理指导手册

根据这些描述，你能想到类似的青少年吗？

案例研究1：婕德

婕德是一名小学生，在老师和父母眼中，她是"全面发展"的。婕德有一群稳定的朋友，有信心尝试新事物和结识新朋友，在所有课程上都取得了很好的成绩。婕德有积极健康的家庭生活；她的父母和兄弟姐妹会花时间在一起分享彼此的爱好，一起回顾他们一天的经历，公开谈论他们可能遇到的困难和任何问题。婕德的父母会定期与学校教师讨论进一步提高婕德识字和计算能力的策略，以将它们在课堂之外"活用起来"。婕德也会花时间独自进行安静、放松的活动，例如阅读和拼拼图。婕德还不知道长大后想做什么，不过这没什么问题。她的父母和老师都很高兴她能继续发挥她的优势，练习那些她觉得更具挑战性的事情，并随着时间的推移最终成为她想要成为的人。婕德因展示了如此出色的学习品质而获得了学校"成长型思维"年度奖，她为自己感到非常自豪。不过，她说比奖项更棒的是她这一年体验到的所有乐趣！她期待着明年的冒险。

最优主义起到的作用：婕德生活在一个具有支持性和沟通性的家庭中，并拥有强大的社会支持网络及平衡的生活方式，同时清楚地重视学习的"旅程"。她很可能会以坚韧不拔的态度对待她的学业和生活，并在所做的一切事情中发挥她的潜力。

案例研究2：本

本是一个十几岁的男孩，被他的老师们称为"好榜样"。本在学校取得了不错的成绩，并激励了他的同龄人，因为他找到了"聪明"的努力方式，无须煎熬数小时但仍能带来高质量的学习效果。本对此很谦虚，并乐于帮助其他人尝试他的策略以提高效率。本是低年级学生的"导师"，他会公开谈论他犯过的错误以及他如何从中吸取教训。本过去很难控制自己的愤怒，但在其他人的帮助下，随着时间的推移，他发展出了自我意识并形成了一系列应对策略，现在情况好多了。本立志毕业后成为一名建筑师，他知道自己在艺术和想象力方面的优势对他有帮助，但还需要进一步提高自己的准确性和数学技能。他的老师正在帮助他制订计划，以便他能够实现自己的目标。本是学校橄榄球队中一位自信且受欢迎的成员，并具有健康的饮食……就和其他青少年能做到的一样！尽管家庭生活充满挑战，但本对生活持平和的态度，并相信只要有正确的支持和心态，人们就可以到达自己想要去的地方。

最优主义起到的作用：本对自己的优势和需求有着平衡的看法，并且在发展自己的态度和技能方面显然取得了长足的进步。他很可能会继续追求生活中他想要的事物，并使各种活动保持健康的平衡状态。

案例研究3：安伯

安伯作为一个"好女孩"，在学校和当地都很有名。她经常自愿去当地的慈善机构帮忙，并在养老院陪伴老人。她能巧妙地安排她的时间，以她的家庭作业为中心，其他事情次之。安伯被老师描述为"普通学生"；尽管她有特殊的学习困难，但她在学校期间取得的微小进步给他们留下了深刻的印象。安伯尝试过做化妆师和品牌设计师，但并没有让这些东西主宰她的生活；她知道她在同龄人中很受欢迎，因为她有趣、善良，在需要时她总是善于倾听和提出好的建议；这比她的外表更重要，因此对安伯更有意义。当安伯需要指导或支持时，她可以求助于很多人，包括她最好的朋友、学校支持人员和她的哥哥。她研究了与她有相同学习需求的不同名人，这使她在面对困难时有强大的成就榜样。安伯期待着在托儿所里得到一个实习机会，看看她是否对与孩子一起工作感兴趣。

最优主义起到的作用：安伯有着现实而积极的人生观，这让她可以享受生活的不同领域。她欣赏个体差异的价值，并知道通过正确的支持和态度可以改善她的困境。安伯可能会选择一条有趣的道路来寻找她想在生活中做什么，并且享受这一路的乐趣。

案例研究4：乔希

乔希是一个深受老师和同学喜爱的小学生。尽管在学业上不是班上"最优秀的"，但乔希有很多优势，比如他是一名优秀的领导者，具有良好的组织和计划能力，善于应对挫折并能对他人表示同情。在向参观者展示学校环境时，乔希做得很好，他出色地展示了他的自信和专注。他对自己的能力有现实的认知，并准备向更高的目标迈进，他知道"尝试后失败总比从不尝试要好"。他总是乐于听大人解释如何把事情做得更好。通过观察他的老师和父母做的过程，他学会了说"哎呀，我做得不太对，我要再来一次！"。乔希的父母非常支持他，并强化"尝试比成为最好的更重要"的理念。乔希通过每天短时间的练习来提高他的数学和识字技能。在家里，乔希喜欢和邻居朋友在户外玩耍，还喜欢和他的爷爷一起学习如何用木头做东西。

最优主义起到的作用：乔希对教育的态度对他很有帮助，他乐于助人，乐于冒险，因为他知道错误是获得更好学习的途径。他有一个支持他的家庭，能够控制自己的情绪。乔希很可能会通过练习继续进步，并在一系列的生活经历中找到乐趣。

最优主义的"丰富内涵"

故事和隐喻是理解事物的有效途径。它们使我们能够以不同的方式考虑事物，并与我们所知的和已理解的事物建立联系。以下是故事和隐喻的集合，以帮助我们区分完美主义和最优主义，并真正推动人们将最优主义视为理想选择：

1. 杂草和树；
2. 飞蛾和蝴蝶；
3. 绿野仙踪；
4. 环岛和自行车。

以上隐喻以接受承诺疗法（ACT）的理念为基础，该疗法基于个人价值，使用正念和隐喻来促进对困难的接受，并发展行为改变策略。它旨在呈现生活带来的东西（而不是试图消除困难的感觉），并指向更有价值的行为和"值得过的生活"。

我们对具有高完美主义倾向的青少年进行干预的目的是帮助他们培养应对技能，让他们在学习和发展中敢于承担更多风险，最终在生活中体验更多的成功和幸福。这不是要改变他们，而是帮助他们提升。

提高应对技能可能有助于减少完美主义带来的焦虑，不再将完美主义作为应对生活压力的一种策略。可用的应对技能举例如下：

· 管理情绪；
· 自信地表达自我；
· 发展和维持积极的关系；
· 将错误视为学习的机会；
· 作出决定；
· 解决问题；
· 制订并执行计划。

下文对隐喻的解释可以为学习上述技能提供一个起点，帮助你理解它们，也可以与青少年一起使用，以发展他们的自我意识和理解力。

隐喻1：杂草和树

1.完美主义与杂草

完美主义就像杂草。

杂草可能会失控。它们很快就会变得不受欢迎和令人讨厌，甚至可能对其他植物或财产造成损害。虽然有些杂草表面上看起来令人愉悦，但它们通常对花园或野生动物没有真正的价值或用途。它们几乎在任何地方都能生长，但它们的存活率很低，因为它们的根通常很浅，而且人们不太需要它们，所以很可能会被移除。它们产生的花或果实可能是苦的、有毒的，并会造成困扰。很少有杂草会长得特别强壮或高大。

完美主义与此有相似之处。与完美主义相关的行为很快就会失控，并成为年轻人或周围人的麻烦。这样的学生的行为动机是以自我为中心的，因此他们很少会对他人提供有意义的贡献。他们追求成功（以及不能失败）的动力是如此强烈，以至于他们会在任何地方施行自己的行为，而不考虑周围环境或最佳实施地点。完美主义会导致痛苦和易怒，引发各种问题，限制个人成长。

2.最优主义和树

最优主义就像一棵树。

树木坚固且生命持久，在扎下深厚而强大的根后，它们能在风暴中保持稳定，生长缓慢但意义重大。它们为野生动物也为人类提供树叶、果实、种子和庇护所。它们既令人钦佩又实用，有各种用途：补充氧气，提供审美，治疗健康问题，提供浆液制造木材和纸张类产品，提供建造树屋和吊床的场所，用于雕刻等。我相信你还可以想到更多。树木有其目的和价值。无论多么渺小，它们为周围的世界服务，显得宏伟而威严。树木能有效地适应四季以保持健康。

最优主义与此有相似之处。与最优主义相关的行为促进了个人丰富而充实的生活。它们使学生变得强壮并能够忍受一大堆体验。最优主义意味着对世界作出积极贡献，实现个人成就和幸福。最优主义者适应性强、稳定并受到他人尊重。最优主义代表着深入学习，并能在未来的许多年里蓬勃发展。最优主义作为一种生活方式，可以成为强大"果实"的种子，将成长、营养、繁荣和健康的理念带入生活。

隐喻2：飞蛾和蝴蝶

1.完美主义和飞蛾

具有高完美主义倾向就像是做一只飞蛾。

飞蛾是一种隐秘的生物，在很大程度上把自己隐藏起来，喜欢在晚上出没，避免与他人接触。它具有黑暗和压抑的含义，与破坏有关（例如以纺织物为食），被认为是一种害虫。它在黑暗中吃东西，吃的也通常是我们人类不希望它吃的东西。飞蛾也许与"寻求光明"有关。我们使用的"飞蛾扑火"这种表达，意思是尽管有危险，但仍不受控地被某物吸引。飞蛾痴迷于追逐人造光源，即使这样做会对自己造成伤害，或者危及生命。它们喜欢黑暗的角落。通常，飞蛾的颜色较暗，传统上被视作"黑白"的，或至少是两种色调。它们的翅膀并不完全对称，它们厌恶薰衣草——这就是为什么薰衣草是一种可以有效阻止飞蛾在壁橱中筑巢的植物。即使在休息时，飞蛾也张着翅膀，仿佛随时准备移动。对许多人来说，飞蛾象征着决心和信念。

高完美主义倾向的人就像是一只飞蛾。这就像追求一个（肤浅的？）目标而忽略你周围发生的一切。它坚持目标，即使会对自身造成伤害：专注于奖励而忽视自身的安全。吸引它的事物最终会导致它的没落。完美主义潜伏在黑暗中，让自己与世隔绝。它生活在"非黑即白"中，躲在角落里。高完美主义倾向的人会避免放松，并可能形成对他人的不信任、厌恶和警惕等感受。他们可能有隐秘的饮食习惯，并易被他人误解。完美主义是"严肃的"。高完美主义倾向的人没有闲余空间或时间来享乐。

2.最优主义与蝴蝶

具有高最优主义倾向就像是做一只蝴蝶。

蝴蝶与生命密切相关。它们色彩缤纷，充满活力，行动自如，飘飘然而不是潜入水中。它们善于交际，被各种颜色、气味和物体所吸引，通常受到许多人的喜爱和欣赏。它们能够在需要时保护自己，因此它们自豪且自信地在公开场合飞行，而不是隐藏起来。对许多人来说，蝴蝶代表着耐力、变化和希望。它们的触须通常比飞蛾的触须长。蝴蝶休息时会收合翅膀，进行真正的放松。它们喜欢晒太阳，花时间啜饮各种鲜花的花蜜。它们的翅膀并不对称，但同样美丽。

高最优主义倾向的人就像是一只蝴蝶。无忧无虑，善于交际，能够享受生活中的美好事物，不会被误解或成为对他人不利的害虫。它"在光中显现"，让本身的色彩闪耀；它具有很多颜色而不只是黑白。最优主义者能照顾好自己，同时享受生活并找到真正放松的时间。由于高最优主义倾向者的真实美丽会散发出来，且他们对此充满自信，他们更可能会受到他人的钦佩和喜欢。

3.蜕变与重生

昆虫是重生的象征。

飞蛾和蝴蝶都可以代表变化和成长。个体不需要以自身的方式保持"固定"的状态，但可以随着时间的推移而变得适应和"自由"——他们的真实自我。正如毛毛虫变成蝴蝶或飞蛾一样，年轻人也可以认为自己能够改变。

与其将自己视为"固定"的飞蛾或蝴蝶（在旅程结束时），个体可以退后一步，认为自己处于旅程的开始阶段。他们是会像飞蛾还是蝴蝶一样从茧中挣脱出来？哪些"蝴蝶"行为最吸引他们？他们可能需要什么帮助才能有更多的"蝴蝶"行为和更少的"飞蛾"行为？他们可以结合两类行为吗？他们希望保留哪些"飞蛾"行为，为什么？

隐喻3：绿野仙踪

1.完美主义和堪萨斯州

完美主义就像生活在一个黑白分明的世界里。

就像电影《绿野仙踪》的开头多萝西的生活一样，完美主义就像生活在一个黑白世界中，这个世界永远渴望更多、更好和不同的东西。各种体验都令人恐惧、焦虑，或者只是无聊的。不满占据主导地位，没有真正的快乐，即使是在最亲密的关系中也是如此。完美主义者不会欣赏自己所拥有的东西，也缺乏对内在优势的认识。他们主要的感觉是迷失、困惑和受到威胁。完美主义是严肃的，创造力和冒险在其中没有空间。完美主义让我们陷入困境，结果我们成为我们自己的障碍。

2.最优主义与奥兹国

最优主义就像生活在一个色彩鲜艳的世界里！

就像多萝西进入奥兹国时她的视角会发生变化一样，最优主义也会改变你对世界的看法。生活不再像"黑白"那样简单或单调，这里有多种颜色，每一种可以想象的色调都存在。在这里，能够体验到各种各样的感受，而且这些感受是可流动的，同时能够接受和支持其他人的这些感受。在专家指导和朋友支持下，挑战变得可以应对。可以改变计划，可以解决问题，也可从错误中吸取教训。正如多萝西"拉开帷幕"揭示"巫师"的现实面目一样，最优主义也可以让我们看到和接受世界的现实，包括所有的痛苦和欢乐。正如多萝西用勇气和直觉打败了西方的邪恶女巫一样，最优主义也可以帮助我们面对恐惧并克服它们。最优主义，就像多萝西的故事一样，让我们能够欣赏我们内在的力量，我们在旅途中取得的成就，以及赞美他人的力量并在需要时支持他们。它帮助我们认识到，通过挖掘我们隐藏的优势并利用我们的社会支持，一切皆有可能。它向我们表明，事物并非简单的"非黑即白"。最优主义解放我们并赋予我们力量，让我们成为我们自己的"巫师"。

3.平衡

我们不能一直保持"在线"的状态。

一个地方如果有多种颜色爆发，它给人的感觉会是压倒性的。大量的情绪和社交互动可能会让人筋疲力尽，我们不可能每时每刻都能面对我们的恐惧和挑战。就像影片结束时多萝西回到堪萨斯州，回到"黑白"世界一样，我们的年轻人也可以放心，他们可以在舒适的体验中感到平静和休息。没有人要求他们改变，改变也不会在一夜之间完成。有时无聊正是我们所需要的！关键在于自我意识，认识到何时需要一些"停机时间"，并注意停机是否变得过多或干扰了我们的进步。

隐喻4：环岛和自行车
1.完美主义和环岛

具有高完美主义倾向就像环岛骑行。

在环岛骑行，你最初可能会有一种"匆忙"感，感觉好像在移动，但最终会意识到你只是在绕来绕去，匆忙的乐趣逐渐消失。你甚至可能会觉得有点不舒服。走得越快，你就越头晕，会想下车……虽然下车会变得更难。

当你的完美主义倾向很高时，你也可能会体验到"匆忙"感，因为你在努力把事情做得完美或成为完美的人。然而，你很快就会意识到这是不可能的，压力随之而来。你越是试图寻求完美，你就越有压力。不去学习下次可以做什么不同的事情，而是重复你熟悉的行为方式，"周而复始"地相信你可以（并且必须）达到完美。你试图达到目标，但结果是永远绕来绕去，一无所获。

就像环岛骑行但仍然扎根在原地一样，高完美主义倾向的人也是如此。他们并没有真正学习和前进，而是一直处于压力状态，并可能会头疼！除了试图保持平衡并想知道如何以及何时下车之外，完美主义者很难专注于其他任何事情……也许会有一种永远不能下车的恐慌感。

2.最优主义和自行车

具有高最优主义倾向就像骑自行车。

起初你甚至不知道自行车的存在。你被困在游乐场上和其他小孩一起玩。游乐场很有趣，但玩的项目有点重复。然后你第一次看到有人骑自行车，心想："这看起来很有趣！"但也许会有一些担忧："我做不到，看起来很难。"你对这个新事物很着迷，但坚持做让自己觉得舒服的事：继续逛让你感到安全但可能有点无聊的游乐场。

之后大人给你一辆自行车，让你试一试。起初，骑车似乎是不可能的；它需要平衡、协调能力和骑车技巧。你需要一个支持你的成人来帮助你，向你展示如何去做。你需要相信他们会在你练习的时候保证你的安全。你用稳定器来建立信心并"找到感觉"，然后在没有稳定器的情况下踩踏板，此时成人会扶住你的座位。最终你学会了独自踩踏板！你走得缓慢而稳定，虽然有点摇晃，但你做到了！渐渐地，你的速度和信心不断提升，直到你能熟练地骑车!

随着时间的推移，你会积累技能，这样你就可以骑着自行车表演跳跃、特技以及穿越岩石山坡。你甚至可以参加比赛，炫耀你的自行车技能，或参加慈善自行车骑行活动，将你的技能提升到一个新的水平。你也可以更好地升级你的自行车装备。你现在可能喜欢与他人一起骑自行车，加入自行车俱乐部，与志同道合的人分享乐趣并向他们学习。

最后，你成为一个有能力的、自信的自行车手，接受新的挑战并享受你的爱好。有一天，你也会教你的孩子学习如何骑自行车。

最终，你将获得成就并感受到乐趣！

3.骑行时注意安全

图4.5对比了完美主义和最优主义的预期人生轨迹。

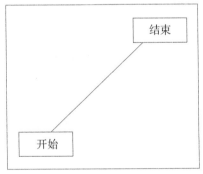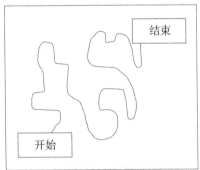

图4.5　完美主义和最优主义的预期人生轨迹

骑车时戴上头盔以防摔倒，这样就不会让自己受伤。你还可以戴上护肘和护膝，戴上手套，甚至戴上身体护具，以提供额外的保护。你骑自行车时要穿感觉舒适的衣服，并带着水瓶用于解渴和保持水分。你将注意力集中在骑行中较为棘手和需要加速的路段，并可在沿着平坦、平滑的道路滑行时放松。

当你变得更加自信时，你可能会敢在黑暗中骑车，使用灯光指引你的道路并确保安全。你已经学会了如何在出门前对自行车进行基本的安全检查，检查轮胎是否已打气并且有没有被刺破，刹车是否正常。骑行结束后保持自行车清洁，以免生锈或损坏，并将其存放在安全干燥的地方。经常让修理工对自行车进行检修，以确保其正常工作。你甚至可能会给它投保。随着时间推移，你将学会如何维修自行车。对于自行车，你现在完全可以控制并且有相应的能力。成为一名合格的自行车手还意味着能够判断何时外出骑行不安全，或者提前停止计划并重新规划路线。为了预防紧急情况的发生，你还会携带地图。

当然，你仍然可以在没有这些东西的情况下骑自行车，但不太可能感到有趣，因为你感到不安全，所以无法骑得那么快或尝试更多技巧或新路线。这也意味着如果你真的摔倒了，你很可能会受伤。当然，在没有灯光的黑暗情境中骑自行车可能是致命的。在完成所有这些安全检查后，骑自行车意味着你正在承担计算过的风险。你不仅会成为一名成功的自行车手，而且还会喜欢这个过程。

具有更高的最优主义倾向意味着知道需要什么东西来保持安全和成功地运作，并在这些东西变少时能够及时发现。当然，让你偏离轨道或摇晃的状况仍有可能发生——骑自行车时，这可能是突然的阵雨或意外的坑洼；在生活中，这可能是突然的打击或意外事件。但是，当你继续关心自己的基本需求时，你才更有可能成功地驾驭这些突发情况，而不会受到太大的伤害。如果真的受伤了，这意味着你应该利用这段时间好好恢复，并在你过于害怕再次尝试之前重新骑上自行车！

高最优主义倾向还意味着要培养一种技能，即知道什么时候不该开始尝试新事物，什么时候该改变你已经在做的事情的方向；在生活中，有时你需要暂停你追求的脚步并后退一步，重新评估你的优先事项是什么，以及你需要朝哪个方向前进。有时，最有用的方法是保持静止，给自己时间喘口气。

你可以在不满足基本需求的情况下继续前进，但是，如果你这样做，出现问题时你将面临更大的困难和风险。你的基本需求包括：确保具有充足的营养、水分，通过定期锻炼和体检保持身体健康，拥有良好的睡眠状态、可提供安全感的地方以及积极的社会支持网络。

4. 越来越乱！

完美主义和混乱有着爱恨交织的关系。

完美主义在很大程度上就是保持掌控权，或者至少试图让你感觉好像一切在控制之中。没有对"混乱"的焦虑，就不会有完美主义。完美主义需要焦虑才能生存。

在环岛骑行时，不太有机会变得混乱。这是一项简单且可预测的活动。环岛骑行是避免混乱、保持掌控感的好方法。当然，除非骑得太快，或停留的时间太长以至于最终从车上摔下来！

骑自行车时，你极有可能会遇到混乱。你可能会被脏兮兮的小路弄得沾满灰尘，可能会在穿过水坑时溅到泥土，可能会因过往车辆而吸入废气，可能在躲闪着穿过狭窄的树林小路时沾上树叶或树枝！你甚至还可能会跌一跤，弄破了衣服。而且外出骑行时，你肯定会感到又热又湿！

混乱是可以接受的，这是"释放"的过程。你可以再次把自己清理干净。衣服可以补。骑行后洗个热水澡或泡个热水澡，就能体会到清洁和清新的感觉是多么愉快，真是太棒了！修理自己的自行车也会让你有一种真正的自豪感。

在生活中，有时我们的想法和感受会显得有些"混乱"。它们很难被理解，还可能让我们感到尴尬或不安。最糟糕的是，这些想法和感受让我们感到羞耻或害怕，我们宁愿它们不存在。完美主义的行为可能是一种试图让这些想法和感受保持有序状态的做法，这样就不会把"混乱"暴露给别人看。

想法和感受不应该被这样推开！它们往往会在未来变得更强大，就像环岛骑行一般，越来越快，使你感觉无法放慢速度。当然，这也使它们更有可能喷涌而出，以一种你无法控制的方式。学会更多地关注你的想法和感受是有帮助的，即使它们让你感到不舒服或困惑。事实上，让人感到不舒服或困惑的想法和感受更需要被注意。以一种非评判性的方式对待它们，不要试图以控制或逃避它们为目的，这样它们就会自行消失。

一旦你注意到混乱的想法和感受，让它们展现出来，这至关重要！坚定自信一点，这样做不会伤害到任何人（包括你自己）。当我们把想法和感受表达出来时，我们实际上会感觉更平静，更有控制力！

以下活动能让你将"混乱"展现出来：

· 艺术：开始在画布上扔一些颜料，看看会发生什么！抓起一些黏土，开始猛击和挤压！附录C罗列了一些治疗性艺术活动。

· 创意写作：让文字不加过滤地流淌在纸上，或写一首诗或故事来捕捉你的想法和感受。

· 舞蹈：随着你自己思想的声音移动！配上合适的音乐能获得更好的效果。

· 戏剧：用不同的声音说话或喊叫，或者假装你是另一个人——说和做任何你想做的事！

· 正念：做一些日常事务，注意你有什么想法和感受；尝试与它们"待在一起"，无论它们看起来多么奇怪或乏味！

· 音乐：拿起任何你能拿到的乐器，让它发出符合你内心感受的声音！甚至可以添加一些歌词。

这些活动可以帮助你处理自己所具有的一些更为"混乱"的想法和感

受。请记住，可能你还无法理解它们，重要的是让它们表达出来。需要注意的是，这些活动是治疗性的，所以不存在"正确"或"错误"的方式！只要随着时间的推移，你感到更平静，更有控制力，它们对你就是有效的。

一开始就具有高最优主义倾向是不太可能的。完美主义的习惯根深蒂固，坚持完美主义会让人感觉很安心，即使知道高最优主义倾向似乎更有吸引力。但在善解人意的成年人的支持下，你可以开始培养最优主义的相关技能，以更贴近实际和富有同情心的方式生活，包括能够将错误重新定义为学习和成长的机会，并且能够像享受结果一样享受过程。

计划行动

决定使用什么技能，并计划执行它。

首先，考虑一下哪种技能可以让你的生活更美好、更愉快，并使你在重视的领域取得更多成功。接着，考虑如何将这项技能分解为一系列可操作的步骤。例如，如果你想更果断地表达自己，那么朝着这个方向迈出第一步，先在日记中果断地表达自己，然后向值得信赖的人表达自己；也可以观察一个你认为自信的人，从他的言行中获得一些诀窍；还可以阅读关于自信的自助指南。在任何情况下对所有人都保持自信有些不切实际，反而可能会导致自己失败！深思熟虑的步骤和计划能帮助你最终实现目标。最后，思考你将如何以及何时开始使用此技能。在理想情况下，建议针对"一个阶段"制定时间表，并考虑谁可以提供帮助，特别是想想他们可以做些什么来支持你，并帮助你发展想要的技能。记住：

· 你需要大量练习才能打破旧习惯。

· 你会在努力和支持下达成目标。

· 一旦你掌握了技能，你就会永远拥有它们，就像骑自行车一样！

反思你的进步

在哪方面进展顺利，下次我要怎么做？

一个在环岛上转圈的人能反思的东西很有限！也许，如果你骑车跌倒了，那么你可能会发誓下次骑得慢一点，或者把龙头握得更紧，或者早点从车上跳下来。这些事情是否会带来和骑行同样的兴奋感呢？

而一次骑行，能提供更多的反思机会：你去了哪里？哪些地方骑起来比较棘手？你是否对道路上的障碍或颠簸有了更多了解，以为下次骑行作准备？哪些路段因给你带来最大的乐趣所以你想重温？

当你在努力培养技能时，重要的是要反思你为什么这样做，以此保持动力，以及想想哪些对你有用，并持续做下去。

还有重要的是，反思那些进展不顺利的地方，这样你就不会继续做一些从长远来看可能弊大于利的事情。

在我们开始讨论关于挑战完美主义的策略之前，接下来的几章将着眼于系统性的考虑。在让青少年参与进来之前，我们成年人可以思考和做些什么？

注释

1. Tracy and Robins (2004).
2. Yerkes and Dodson (1908).

第5章 大环境下的完美主义

"遵守并执行：迈向'完美'世界。"

本书如没有着眼于大局，就是一本不完整的书。孩子不是在真空中成长的，其发展会受到童年和青春期各类因素的影响。其中，既包括他们自己的个性特点，也包括他们的家庭、学校和周边社区、媒体、政府和法律等。

在完美主义评级量表中，明确提及相关的环境因素（例如父母的期待和批评，以及教师的期待等）的是少之又少，[1]这突出了关于完美主义的主流模式——"儿童内在模式"，即问题源自儿童的内在，因此改变的责任在于孩子。似乎没有办法测算外界环境因素，如当今的媒体信息、现行法律和公共支出走向等对青少年的影响。这种观点其实遗漏了一个重要因素。

利普曼（Lippman，2012）认为，我们应该"首先找出引发问题的社会弊病"[2]，而不是将完美主义视为一种问题或者认为追求完美主义的人是病态的。这反映了一种趋势，即人们越来越认为心理健康的责任不在于个人，而在于社会。然而，社会上对此观点的看法褒贬不一，下文对此作简要介绍。

追求完美和个人责任

几个世纪以来，人类在活动中越来越高效，我们创造机器来完成工作，这意味着人类会有更多的时间投入到更多的工作中并承担更多的责任。科学家和研究人员持之以恒地研究更精简、更强大且运行起来更快、噪音更小的机器，希望向创造出"完美机器"更进一步。

我们已经成为超级生产力。"遵守并执行"是许多就业领域取得高水平成就的强大推动力。人类设定了高绩效目标，许多工作场所也都建立了绩效工资。

在许多方面，社会都在努力追求完美，它想要创造：

- "完美的工作场所"。在"完美的工作场所"中，员工的休息时间被压缩到最少，增强了抗压能力，生病率和流动率降低。同时基于人体工程学、美学和实用性等方面对工作环境进行充分优化，使产出最大化。机构对社会和环境作出贡献，履行了一系列社会和慈善义务，而且实施了许多有效的福利举措，制定了针对"出色工作"的奖励制度。团队成员除了完成能够提高公司业绩的个人项目外，还能融洽共处。在医疗服务领域，个体看病的等待时间越来越少，所花的钱真正做到了"物有所值"。大家以"我们还能做得更好"为目标，并且做事高效迅速。

- "完美的学校"。"完美的学校"在学习和行为方面成绩斐然，教职员工素质高且经验丰富，学校领导有方且充满自信，没有一个孩子掉队。学校能够较好地与外界交流，与更广泛的社区建立了公益合作，而且学生们能够进入高等教育机构深造或者找到好的就业机会。家长和上级领导都很满意，鼓励传承的同时也欢迎创新。优秀校友会定期回校交流，以激励在校学生。学校内配备现代化的设施和资源，并为所有学生提供各种各样的机会。

- "完美的人"。作为"完美的人"，我们不仅是各方面表现都较好的高素质员工，而且情绪稳定，能经营好家庭生活，为公益组织和其他社区作出贡献，并通过持续不断的学习"提升自己"，能保持最佳饮食习惯、锻炼方式和睡眠模式。我们会照顾长辈，主动管理好自己的健康，这样在年老的时候也不会给社会造成相应的负担。

但似乎事与愿违。在过去的几十年里，心理健康带来的挑战急剧上升。

我们的世界发生了巨大的技术飞跃，人类的"穴居人"大脑为了与之匹配，付出了极大的艰辛。我们并不是天生就能适应这种快节奏、不断变化的生活方式的，这种生活方式对我们在所有领域中的期待都很高。它甚至希望我们成为放松专家，能够在日常生活中熟练地运用专注、冥想和瑜伽。尽管随着时间的推移，人类大脑的进化已经取得了令人瞩目的进步，但我们并不是对世界有求必应的机器人，以前不是，以后也不会是。

过去几十年中，为了应对心理健康问题的急剧攀升，个性化心理干预措施取得了巨大的进步，同时精神类药物（例如抗抑郁药）的使用也获得了相应的发展。

这是对社会上日益加剧的压力、焦虑和抑郁的被动适应而非主动应对。这也是一个因人而异的应对过程，即将问题的"责任"归咎于个人：你有压力，因此你需要进行一些治疗；你感觉情绪低落，因此你需要一些药物。问题的根源在于你自己。让自己变得更好然后你就可以重新融入社会，并为社会的发展作出应有的贡献。

同情心和集体责任

幸运的是，在过去的几年里，另一波新观念正在形成并得到加强，它们富有同情心地考虑到了广泛的人类需求，并认识到对于发展来说，一直紧绷着要去执行的这种压力实际上是一种阻碍而非助力。这种压力促使人们对公共心理健康采取"社会心理"方法，旨在通过社会政策和立法等结构性变革，在问题出现之前加以预防[3]。

这个观念认为个人责任并不是推动社会向前发展的良方，反而可能会让我们忽略更大的问题：文化和企业的责任。实际上，如果我们都专注于提高自己的承受力，改善对待压力的方式并努力让工作效率更高，我们就自然而然地不会着眼于"大局"并思考社会是否首先造成了压力。这不是一个新的观念；早在1978年的《心理治疗全指南》（*A Complete Guide to Therapy*）一书中，科瓦尔（Koval）就认为人们应该将精力放在社会的全面变革上，而不该放在"个人"的改变上。[4]显而易见的是，社会变革作为一项具有挑战性的壮举，是需要时间的。

关于完美主义，社会变革的一个例子是在广告和营销活动中避免使用"完美人士"这样的用语，这种做法虽然效果缓慢但有用。许多企业现在会选择不同身材、年龄、性别、种族、性取向、能力和其他特质的人作为模特，而不是某种固定类型的人来代言他们的产品或服务。就我们年轻人所接收到的信息而言，这一转变是正确的，因为这些信息关乎他们应该成为什么样的人才能融入社会，在社会中获得成功和幸福。

· 你能想到其他例子吗？比如媒体或法律方面作出的改变，体现了社会的多元化，而不是向我们展示"理想化"或不切实际的形象。

· 你注意到哪些变革体现了人类福祉和社会进步的需求？

幸运的是，这样的例子有很多，但我们要做的也还有很多。

个性化心理干预的一个问题是它无法惠及每一个有需要的人，[5]而且它侧重于被动地而不是主动地解决问题，因此会产生这样的局面，即心理治疗师[6]承担了过大的压力，同时那些接受治疗的人也常常容易"病情复发"。许多人产生心理困扰的"起因"，或者至少是一个主要诱因，源于外部，源于他们的工作和个人生活。对于儿童而言，保罗·吉尔伯特（Paul Gilbert, 2002）建议比起通过提高儿童的适应力来"战胜抑郁症"，我们更应该通过预防童年性虐待来"战胜虐待"——童年性虐待是一些儿童抑郁症的诱因。[7]同理，对于完美主义而言，我们首先需要考虑社会因素对激发完美主义态度的影响，而不是将全部的注意力放在削弱年轻人的完美主义观念上。

我们正处于历史上一个有趣的时间点，我们拥有最不可思议的技术和资源，可以更好地发展社会，同时我们拥有对心理健康前所未有的认识，并且知道如何让人们的心理更健康。但二者并不总是能彼此兼顾，和谐发展。我们的社会如何解决二者间的冲突，对于确保人类的成功和幸福至关重要。"最优主义"的方法很可能是实现这种平衡的关键。

前进的方向

变革是艰难的，然而我们经常对青少年寄予厚望。本书认为早期的系统干预是必要的，这样可以帮助预防一系列后续的问题。社会中的信息多元繁杂，对此，我们可以施加影响的第一个着力点是去反思我们自己的想法、态度和行为，因为它们可能会对年轻一代产生影响。

作为成年人，我们需要问自己以下问题：

- 学生对自己的期待是否合理？
- 我们对自己的期待是否合理？通常青少年会通过观察成人的行为学习"怎么做"。
- 作为父母，作为教育工作者，我们对自己的期待又如何，这些期待如何影响我们的想法、感受和行为？
- 在我们生活的环境下，这些期待是"很合理的"还是不可接受的？这会给我们和我们的青少年传递什么信息？成为"足够好"的父母或老师意味着什么？
- 从个人、经济等角度来看，在我们的社会中犯错的代价是什么？避免错误、追求完美所传递的是怎样的信息？

- 作为家长和学校教职员工，我们的情绪健康是如何得到支撑的？如果我们自己感觉不到情感上的包容、认可和安全，我们又怎么能期望我们的青少年这样做呢？
- 我们的社会是否允许与众不同、发表异议、按照自身的价值观行事，即使它们不符合主流价值观？或者说，从众是唯一正确的行为？

这些态度和想法将塑造我们的言行举止。作为成年人，我们经常会在不知不觉中说出一些鼓励年轻人的话，但这实际上可能会深化无益的完美主义信念。

表5.1　深化完美主义或鼓励最优主义的表达

深化完美主义	孩子接收到的信息/想法	鼓励最优主义	孩子接收到的信息/想法
"永远尽力而为。"	什么？永远？那太累了。我要怎样才能一直保持这种状态？	"在真正需要的时候尽力而为。"	有时我需要尽最大努力，但其他时候只要做到足够好就好了。
"尽你所能地努力工作，你就会成功。"	如果我足够努力，我就会成功。我必须努力工作。	"聪明地工作，你就会成功。"	如果我仔细考虑我需要做什么，获得帮助并进行足够的练习，我就能成功。
"你输了是因为有黑幕/其他人作弊。"	如果我输了，是其他所有人的错。	"你输了是因为他们那天的表现比你好。"	有时我赢了，有时我输了，这没关系。
"不要太敏感/荒唐/愚蠢。"	我的感觉是不重要的、愚蠢的、令人讨厌的。我需要克制情感。	"对此感到担心、沮丧或失望是正常的。它表明你在乎这件事，并且会激励你下次用另一种方式做事。"	我的感觉是合理的，而且传达了很重要的信息。
"你让我不得不停下来，别妨碍我。""哈哈，她语无伦次，看起来好傻。""哦，不，你犯了两个错，真是丢脸。"	错误是不好的。我的错误会被注意到，我还会因此遭到嘲笑。犯错是不对的。我需要变得完美。	"哎呀，我犯错了！没关系，下次我不会再犯了。""哇，看，她真的进步了。""你做对了大部分；这次你一定做得非常专注，干得好。"	随着时间的推移，我会取得进步并从错误中吸取教训。犯错是可以的，失败乃成功之母，它会帮助我取得进步。

深化完美主义	孩子接收到的信息/想法	鼓励最优主义	孩子接收到的信息/想法
"你真的很聪明/机智/有趣，等等；我不擅长那个。"	我就是这样的人。我需要继续展示这一点。我要么是这样的人，要么什么也不是。	"你真的很仔细地看了/从你的错误中吸取了教训/这个联系让我们忍俊不禁。我觉得有些困难，但我可以向你学习，多练习并变得更好吧。"	我所做的事情对我的生活有帮助。如果我愿意，我就可以重复做这件事，甚至改进它们。我可以帮助他人学习。我们都可以进步。
"你不要那样做；这会花费太多的时间和精力。你以前从未做过这个，所以你会很受挫的。专注去做你擅长的。"	要避免尝试新事物。努力不是一件好事。如果做某件事感觉很难，那就不做。	"听起来这像是一个新的挑战；弄清楚该如何做可能需要一些时间和精力，但这可能是值得的！"	尝试新事物并付出努力是可以的。遇到困难是可以的；这意味着我的大脑在成长。

在附录D中有一篇来自牛津中学的文章，该文章从学校的角度对挑战完美主义进行了反思，指出了外部环境对青少年的影响。发起该项目的副校长基于其发展心理学、精神病学研究和教育方面的背景，注意到学生中的完美主义迹象越来越令人担忧，希望采取一些积极的措施来解决这个问题。于是，该校开展了系列活动，包括全校集会、认知行为指导、新技能尝试（无伴奏演唱）以及邀请高等教育工作者到校交流访问。学校从这个项目中取得了不错的成果，并大力推荐其他学校也尝试类似项目。该副校长还通过访谈和书信收集到了对该项目的更广泛的建议，具体请参见附录D。

过程驱动还是目标驱动？

在与青少年交谈时，我们希望多传达包含最优主义的信息：

· 感受到各种各样的情绪是没关系的。

· 挑战困难的事情并付出努力是没关系的。

- 犯错是没关系的。
- 尝试新事物是没关系的。

所有信息都将帮助学生更重视过程，而不只是目标导向。这大大有益于他们的学业和健康发展。听起来这似乎相当容易，但是，请考虑下当今学校和社会对各种"目标"的重视：

- 考试成绩和教师的绩效工资；
- 表彰大会和成就奖；
- 体育界颁给"最佳运动员"的奥运会奖牌；
- 商界发给"最佳员工"的奖金红利；
- 电影、音乐和电视领域里的各类"最佳"奖。

再来看看社会和学校中存在的一些错误和失败：

- 电视和报纸上报道的新闻；
- 电视节目中的"洋相镜头"和"花絮视频"；
- 社交媒体中的流行梗和杂志中的名人故事。

你能看出有哪些方面是注重过程的？或者社会以何种方式来表达对犯错的重视，并认为从错误中吸取教训是获得进步的重要组成部分？

你的家庭/学校是如何庆祝努力、享受当下以及从错误中吸取教训等行为的？

我们必须注意，我们不仅仅是在奖励青少年的"目标"。通常这是无意识的，是从我们周围的社会中学到的。如果我们能够停下来并想想我们正在做些什么，就更能看清楚我们正在向青少年传达的信息。

看看下面的句子：

- 一位令人满意的老师能确保学生学习优秀。

- 一位好老师能确保学生学习优秀以及以后也优秀。
- 一位优秀的老师能帮助学生发展学习技能，以确保他们学业和其他方面的成功和幸福。

你在多大程度上同意这些陈述？

对于学校的目的和作用，我们都有自己的看法。你们的看法是什么？青少年的看法又是什么？

下一章将讨论个人和系统层面的策略，虽然是从学校教职员工和家庭的角度，但我们正致力于在越来越大的层面上进行改变，这是一个更大的使命！我们可以从自己的生活开始，改变我们在工作场所和家庭中的态度和行为。我希望你们在前几章的阅读中能有所获益，同时也受到鼓舞作出改变，帮助创造一个最优的世界。

注释

1. 弗罗斯特多维度完美主义量表(Frost Multidimensional Perfectionism Scale, FMPS) (Frost *et al.* 1990)；儿童—青少年完美主义量表，CAPS)(Flett *et al.* 2016).
2. Lippman (2012, p.3).
3. Harper (2016).
4. Koval (1978, p.14).
5. Harper (2016).
6. British Psychological Society (2016).
7. Gilbert (2002).

第6章 从完美主义走向最优主义

"从生存到繁荣：成功和幸福的真正可能性。"

现在，我们已经了解了完美主义是什么（以及不是什么），思考了如何确定一个年轻人是否是高完美主义倾向者以及我们为什么应该关注这一现象，讨论了转向"最优主义"的生活方式的必要性，还反思了在周遭的社会文化压力和期待下我们可以探索的变革目标以及达成目标需要制定的策略。

本章基于当今国内外完美主义相关研究成果，并结合我在培训、研究和职业生涯中的相关知识和经验来撰写。

研究成果

值得注意的是，在2014年对儿童完美主义文献的回顾中，莫里斯（Morris）和洛马克斯（Lomax）发现有84项符合条件的精神病理学研究（如完美主义的"问题"），但只有7项与治疗相关。这凸显了完美主义研究的现状，即这一领域需要一个更好的、以解决方案为核心的方式来解决已发现的问题。令人鼓舞的是，劳埃德（Lloyd）及其同事在2015年对成人治疗相关的文献回顾和元分析中得到了积极的结论，提出心理干预可以减少完美主义及与之相关的困扰。聚焦儿童完美主义的干预措施并不多，下文对此类研究进行了总结。

心理教育

这是一种治疗方法，通过提高学生对问题的察觉和理解能力，教他们自己摆脱问题思维和问题行为。在学校中，这是一种有用的方法，因为它能够使学生分享他们的经历，表达自己的担忧，而不用担心被评头论足。研究发现，"阅读疗法"（使用故事/文章来帮助治疗）和动漫卡通可以吸引青少年并有助于他们对完美主义的理解。[1]网络心理教育干预对年龄较大的学生来说似乎更为有效。[2]然而，研究也发现，单独的心理教育干预对成年人无效，[3]这说明早期干预且采用多种方法的必要性。

认知行为疗法（CBT）

这种治疗方法可以帮助人们辨别与自身标准和错误行为相关的非理性思维，鼓励他们抱有更符合现实的期待，并找到解决问题的替代方案。当完美主义成为治疗的具体目标，而不是普通计划的一部分时，CBT可以成功地降低年纪稍大的学生和成年人的完美主义倾向。[4]对于年龄较大的学生而言，面对面的或引导式的自我救助被认为比单纯的在线自我救助[5]更有效，团队工作也是有帮助的。[6]尽管越来越多的证据表明CBT方法也能帮助青少年，但尚不清楚这种方法是否适用于年龄较小的学生。[7]

其他治疗方法

还有人支持家长和老师紧密合作，使用叙事疗法和游戏治疗来纠正完美主义。[8]以下心理治疗方法也对高完美主义倾向的学生具有一定的价值：接纳承诺疗法、[9]生活品质疗法、[10]连贯疗法、[11]认知矫正治疗[12]，以及运用于自恋型人格障碍的认知田园疗法。[13]心理疗法的"第三次浪潮"，例如正念疗法、多模式疗法、元认知疗法、图式疗法、辩证行为疗法，如果要专门用于改变青少年完美主义的想法、感受和行为，可能是一个需要进一步探索的领域，因为人们越来越认为这些方法能有效解决年轻人的抑郁、焦虑和压力等问题，而这些问题都与完美主义有关。

设置课程

研究完美主义的代表人物弗莱特和休伊特（Flett和Hewitt，2008，2014）主张，学校应采取通用的、积极的干预措施来培养学生的能力，例如通过处理他们的责任感和自我批评问题提升其心理承受、应对和自我调节等方面能力，以及降低完美主义水平。纽金特（Nugent，2000）提供了普遍的提高应对技能的实用建议，包括阅读疗法、艺术活动和小组治疗。格拉和布拉德肖（Guerra和Bradshaw，2008）则强调了有利于改善高完美主义倾向青少年身心健康的"核心能力"：

· 积极的自我意识；

· 自我控制；

· 决策能力；

· 信念的道德体系；

· 亲社会联结。

正如在第5章中提到的，牛津中学开展了一项名为"再见，完美小姐"的基于CBT的全校活动。这个活动利用沙夫兰、伊根和韦德（Shafran，Egan和Wade，2010）的相关研究，帮助学生积极应对学校压力并用自我关怀代替自我批评。虽然该项目没有得到正式的评估，但该项目为学校针对校本问题形成解决方案的途径提供了启示。该项目负责人撰写的关于这次活动的说明以及她对方案的反思，可参见附录D。

折中方案

完美主义并不像它最初表现出来的那样"非黑即白"，因此理想的干预也不是那么明确，这也许是合适的。高完美主义倾向的学生各有不同，他们所处的学校和家庭环境也是独一无二的。对这些学生的干预可能需要更完善的方法，而不是简单地通过个体"治疗"或校园整体文化的变革。莫非尔德和查克拉博蒂戈什（Mofield 和 Chakraborti-Ghosh，2010）认为完美主义是学生在应对方面碰到困难的迹象，因此应该给所有学生普及应对技巧，然后对于那些高完美主义倾向的学生提供有针对性的情感类课程，同时要特别注重班级的文化和家长的参与。这也支持了里姆（Rimm，2007）在美国进行的一项长期研究，该研究提倡同时采取系统的和个体的干预措施。

在接下来的两章中，我在全面参考完美主义相关文献的基础上提出了"ABC"策略。这些文献包括现有的针对儿童和成人的干预措施，以及对一系列治疗方法的反思。根据我受到的专业培训和积累的相关经验，我对这些方法很熟悉，主要包括接纳承诺疗法、认知行为疗法和辩证行为疗法。我把这些方法加以整合，它们可适用于大部分的年轻人。这些方法在完美主义中的应用总结如下。

接纳承诺疗法（ACT）

这种方法基于个人价值，使用正念和隐喻来引导个体对困境的接纳和促进行为的改变。这是一种富有同情心的方法，目的是让你与生活所带给你的东西共存（而不是试图消除那些困难的感受），并做出更有价值的行为。它非常适合完美主义者，因为它旨在培养年轻人对自己的力量和需求的了解和接纳，并帮助他们明确自己的身份和目标。对完美主义者来说，ACT 的一个特别的好处是它能够提高其思维的灵活性和对痛苦的忍耐度。

认知行为疗法（CBT）

这种方法提高了人们对想法、信念和态度如何影响感觉和行为的认识。它教会人们面对焦虑、压力和情绪低落等不同状况时的应对方式。这种方法非常适合完美主义者，因为它聚焦于解决高完美主义倾向的学生中常见的"认知错误"。它还帮助青少年分辨感受并用更有效的方式去回应。对完美主义者来说，CBT的一个特别的好处是它能够打破完美主义信念造成的不良循环。

辩证行为疗法（DBT）

这种方法是由CBT发展而来的，它可以为那些处在情绪风暴中并且可能有"成瘾"行为，如通过自残和滥用药物来调节情绪的人提供帮助。它非常适合完美主义者，因为它承认改变和利用行为解决问题，以及帮助那些认为世界是"非黑即白"的人是困难的。它旨在帮助青少年学会分辨和忍受一系列痛苦的感觉，并教他们用更健康的方法满足自己的需要。对完美主义者来说，DBT的一个特别的好处是它在接纳和改变之间取得了平衡。

干预的原则

遵循"评估—计划—执行—回顾"（Assess-Plan-Do-Review）这样一个循环时，干预的效果最好，具体可参见附录E。在第1章中，我们已经考虑了如何"评估"青少年是否需要支持，主要通过判断可能引起关注的想法、感受和行为的类型，并思考其潜在的未满足需求是什么。现在让我们来讨论这个干预结构的其他部分。

计划改变——"计划"

让我们首先思考干预的目标。图6.1标出了你可能关注到的三个不同领域，以及这些领域持久变化的可能性。

专注于一般压力管理、身体形象或应对焦虑的干预无法对完美主义形成有效或持久的影响。我们要特别关注一点，即完美主义是一种应对技能，处理因需求未得到满足而产生的焦虑，因此我们需要同时做到：

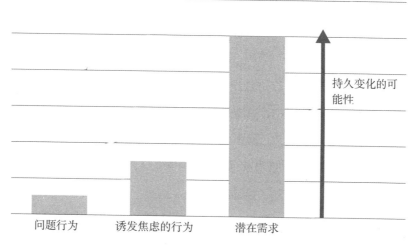

图6.1　能带来持久变化的干预目标

- 培养一些更健康的应对技能来处理焦虑，以替代完美主义；
- 指向个人的潜在需求。

怎样才能帮助青少年更偏向最优主义而不是完美主义？

我们的目标是培养青少年的应对技能，以减少完美主义背后的焦虑。

让我们首先问自己以下问题：

1. 你/青少年希望青少年学习哪些具体的技能？例如：
   - 解决问题
   - 作决策
   - 自尊自爱
   - 有效沟通
   - 制订和执行计划
   - 识别情绪
   - 管理和表达情绪

- 从情绪起伏中恢复平静

- 发展和维持积极、健康的关系

- 乐观的态度

- 适应能力

- 对不完美的容忍

- 对各种感觉输入的管理

2. 对于这些技能，他们当前掌握了多少？（例如，对每项技能按0—10的等级评分，并用文字描述）

3. 举个例子，得分从1到2之间需要经过哪些步骤，即你现在能得几分以及你理想中希望达到几分？请把这个过程拆解成尽可能多的小步骤，这样会更容易实现。

4. 你能想到哪些活动可以帮助学生走好每一步？发挥你的创意！在这个过程中，家庭和学校可以进行合作，以发挥最大的作用。

干预的目标是什么？

如前所述，高完美主义倾向的青少年可能缺乏有效的应对策略，所以利用完美主义行为形成一种所有事情尽在掌握之中的感觉。表面上看这确实有一定的效果，但研究表明，当完美主义策略无法与成年人和"现实世界"的责任、要求相抗衡时，他们可能会在以后的生活中"栽跟头"。

因此，干预有两个主要目标：

1. 青少年能够意识到自身完美主义的想法和行为以及它带来的问题。

2. 青少年能够反思自己完美主义相关的行为、情感和人际关系等，寻找适应能力更强的思维和行为方式。

为了实现这些目标，青少年必须能够具有以下环境以及成人的行事方法：

1. 安全、放松和支持的环境，这样青少年才愿意承担风险，敢于犯错。

2. 过程和努力与成就和结果同样重要，甚至更加重要。

3. 塑造模范角色，让青少年知道什么是"健康的成功人士"。

只有当我们觉得能够同时应对过程和可能的结果时，即我们容忍事情不总是在掌控之中及如人所愿时，我们才会去承担风险。培养我们的应对技能部分依赖于我们对自身需求的认识。

因此，对于高完美主义倾向的青少年的一般干预目标可能是：

1. 以健康的方式识别和管理情绪；

2. 加强自我：促进自我接纳和自我关怀以对抗自我批评；

3. 亲社会联结；

4. 将失败视为成功之母：找到原因，重新培养成熟的思维以发展更好的决策能力和问题解决能力；

5. 降低标准和完美的重要性。[14]

当然，你可能想根据个体需求制定更具体的目标（例如，对愤怒的识别和管理、与重要他人建立良好关系、从数学课的错误中吸取教训等）。

如果担心该怎么办——"执行"

有关不同情境下不同做法的流程图，请参见附录F，下面将对其进行更详细的解释。

青少年承认问题存在

如果青少年能够意识到并接受问题的存在，他们可能会在学校里接受单独的或团队的帮助，也可能会求助校外的专业人士。这将取决于工作人员的专业判断，以确定学校是否能满足学生的需求。这样的讨论应该让青少年在场，因为他们对自己需要什么样的支持有明确的想法。我们应充分考虑这些想法并予以满足。作为参考，第7章和第8章分别提出了成人和青少年可以使用的策略。

青少年不承认问题存在

如果青少年没有意识到或是拒绝承认他们的想法、情绪和行为存在问题，那么最好采用系统的、普通的方法。如果你非常担心他们的心理健康或学习状态，那么可以寻求专业外援，如教育/学校心理学专家。同时，应关注青少年的行为和发展变化，并在需要的情况下与其父母联络，以保证良好的家校协同。刚开始，你可以通过温和而谨慎的反思来让青少年自己意识到问题，提高他们改变的动力，以他们自己觉得舒服的节奏进行改变。针对青少年不承认问题存在的情况，第7章为成人提供了一些策略。

校内支持

根据青少年和在校的实际情况，校内支持可以采取多种形式，包括一对一会谈、小组讨论或与青少年及其家庭公开讨论。同样地，第7章和第8章也提供了可以用在这些会谈中的策略。

外部支持

如果当地儿童和青少年心理健康服务机构或教育/学校心理学专家有能力提供支持，可以向他们寻求帮助。他们可能会想与青少年及他们的家人、教师一起工作。给青少年带来的影响越大，越应该采取这种策略。如果要确定个人的潜在需求有赖于学校以外的支持，那么可以联系其他专业人士，例如：职业治疗师、言语语言治疗师、自闭症/沟通障碍咨询师等。

系统支持

可以采用全校性的方法来挑战整个学校社区完美主义的思维和行为方式。请参见附录D有关牛津中学的案例。第7章还讨论了一些全校性策略。

在所有情况下

尽量保证让青少年成为讨论的中心，请记住，他们正在利用目前所有技能、知识和理解来应对困难。详细记录青少年及其家庭的顾虑、对话和行为。这些素材也许可供未来参考或者与其他专业人员讨论之用。切记要注意保密并遵守安全防护政策。为了你自身的情绪健康，无论是正式还是非正式地，请确保有时间与同事或专家"汇报"你的经历。对于需要更多支持的父母/养育者，与家庭医生、当地社会关怀团队进行讨论或自己寻求咨询，将会有所帮助。

支持的原则

一定要记住，行为不会在一夜之间发生改变，特别是像完美主义这样根深蒂固的行为，况且完美主义也能带来一些好处（例如控制感、成就感）。从这一点看，我们必须记住，完美主义会让人上瘾！因此，它的改变需要时间、练习以及成人的理解和支持，要认识到学生正在慢慢改变，[15]这个阶段需要耐心和理解。

对高完美主义倾向的学生开展工作时，很重要的一点是对平衡的思考。这是因为其中涉及辩证与对立（相同和看似相反的想法），在理解的时候需要缜密的思维，同时做好青少年的榜样。我们正在努力帮助青少年解决这些想法之间的冲突，并在"中间地带"（辩证行为疗法称之为"明智的头脑"）里感到更自在。我们希望生活少一点"成王败寇"和"非黑即白"的感觉，要帮助他们适应两者之间的中间地带。这些彼此冲突的想法如图6.2所示。

平衡、灵活和同情心是挑战完美主义的关键；

作为成年人，我们也必须学会应用这几个技能。

图6.2 平衡"辩证法"

另一个需要注意的重点是，并非所有成年人都能够自如地为青少年提供情感上的支持。这没关系！可以像学习行为管理及信息和通信技术一样学习情感支持。如果你想提高情感素养和情感支持能力，可以利用书籍、网站、培训课程等各种资源。不用对此感到羞愧；这些技能不是每个人生来就会的。正如其他学习领域一样，我们中的一些人可能比其他人需要更多的学习和练习。

对支持的反思——"回顾"

干预流程的最后一部分是"回顾"事情的发展过程。这可以是非正式的，比如回顾青少年的所作所为以及看似有用的做法，也可以举行一个相对正式的会议，让所有重要的成人和青少年参加，同时有人做会议记录并给每个人分发复印件。这个环节主要考虑以下因素：

· 目前的情况如何，与一开始的情况相比如何？有没有任何进展？有没有变得糟糕?

· 我们清楚青少年想要什么吗？（你的观点可能在这个回顾过程后发生变化。）

· 哪些部分有帮助或哪些部分进展顺利？其原因可能是什么？

· 哪些部分没有帮助或者哪些部分让事情变得更糟？其原因可能是什么？

· 接下来要做什么？哪些是要停止的，哪些是要继续的？需要让其他人参与进来吗？我们想培养什么技能？

设定一个日期对正在发生的事情进行回顾是有帮助的，否则干预可能变得"虎头蛇尾"。知道你将在某个时间点回顾发生的事情有助于将人们的注意力集中在干预上，并确保他们尽其所能取得成效。

需要注意的一个重点是，这一过程带来的深远影响可能要很久才会显现出来，也许是在青少年毕业之后。当然，到那时候再进行效果的"评估"就更是难上加难了。在附录D中，牛津中学副校长在整个项目结束后对这点进行了反思：

> 校内干预的影响在学生就读期间可能并不明显。（我试图评估我们"干预"的影响，并收集了一些数据，但我觉得长期影响更为重要，不过这很难探明！）当我与父母们就此部分进行谈话时，他们持有同样的观点，即我们需要在10年或20年后再去询问学生是否觉得我们对完美主义的干预取得了成效。

如果用"最优主义"的态度进行干预，我们要记住：

· 没有人期待结果是"完美"的；改变需要时间，并不总是立竿见影。进步可能停滞，人们也可能会"倒退"。我们寻找的是一种随着时间的推移朝积极方向发展的总体趋势。

- 可以多次回顾干预措施，并根据需要尽可能地进行更改，以找出适合青少年的方法。有时，找到无效的做法也同样有帮助。
- 在这个过程中，我们会时不时地感到沮丧、焦虑甚至绝望，这些都没关系，都是正常的感觉，而且都会过去。要不断提醒自己不忘初心，并学会庆祝一路走来的任何进步（包括对项目的"坚持"而不是"放弃"）。
- 自始至终要注意自己的健康。

接下来的两章会对"ABC"策略进行更详细的描述，先介绍成年人在指导青少年时如何应用这些策略（第7章），再讨论青少年如果准备好的话，可以如何应用这些策略（第8章）。

注释

1. 例如，Zousel, Rule and Logan (2013).

2. 例如，Arpin-Cribbie *et al.* (2008).

3. 例如，Steele *et al.* (2013).

4. 例如，Coughlin and Kalodner (2006); Pleva and Wade (2007).

5. Egan *et al.* (2014).

6. 例如，Kearns, Forbes and Gardiner (2007); Kutlesa and Arthur (2008).

7. 例如，Greig and Mackay (2013); Squires (2001).

8. Ashby, Kottman and Martin (2004); Daigneault (1999).

9. Szymanski (2011).

10. Padash, Moradi and Saadat (2014).

11. Rice, Neimeyer and Taylor (2011).

12. Whitney, Easter and Tchanturia (2008).

13. Pembroke (2012).

14. 改编自：Flett and Hewitt (2014) 'A proposed framework for preventing perfectionism' and Guerra and Bradshaw (2008) 'Core competencies for positive youth development and risk prevention'.

15. Prochaska and DiClemente (1983).

挑战完美主义：优化青少年成长的心理指导手册

第7章 | 成年人用于指导青少年的策略

"一次迈出一小步，就能取得巨大的进步。"

准备……

完美主义似乎是在人际关系的背景下发展起来的，并且涉及认知和情感过程，因此，对于完美主义的干预也反映了这个道理。基于心理学理论以及一系列治疗方法、研究和实践，我们提出"ABC"策略框架，旨在为成年人提供支持，以引导具有高完美主义倾向的青少年朝着更健康的方向发展，即最优主义。之所以称之为"ABC"，是想将这个复杂的主题简化为更直接、更容易理解的主题。在"ABC"策略框架之后还有一份"快速指南"，它将本书中讨论的支持方法组合成更宽泛的主题以供快速参考，随后还有全校方案和建议举行的活动。本章最后提醒成年人：定期回顾对青少年的支持是很重要的。

设置……

完美主义并不简单；它通过复杂的方式产生和维持，因此，我们必须明白挑战完美主义也是复杂的，这需要时间、耐心、毅力和努力。运用你目前为止从书中获得的知识和理解以及"ABC"策略，挑战完美主义将变得更容易。

我强烈建议以最优主义来实施这些策略：

✓ 你不必记住或尝试所有这些事情。

✓ 即使你只是尝试一两种策略，这也是朝着正确方向迈出的积极一步。

✓ 即使你觉得失败了，也比根本不尝试要好。犯错误是学习的重要组成部分，虽然犯错可能会让你感到不舒服，但你可以从经验中吸取一些教训，让下次尝试变得更好。青少年需要你至少尝试一下。

✓ 从小事做起。

✓ 以你觉得舒服的方式寻求帮助。

✓ 请记住，基于时间、实践和机遇，改变是可能的。

请注意，成年人实施的策略越多，就越有可能使青少年向最优主义方向发展，远离会带来伤害的完美主义倾向。即使尝试一两种策略也会产生积极的影响！

开始！

"ABC"策略如表7.1所示，下文对其进行了更详细的解释。

表7.1 挑战完美主义的"ABC"策略

A	B	C
接纳（Acceptance）	平衡（Balance）	沟通（Communication）
注意（Attention）	边界（Boundaries）	挑战（Challenge）
建议（Advice）	行为（Bahaviour）	应对（Coping）
态度（Attitude）	信念（Beliefs）	同情心（Compassion）
自信（Assertiveness）	阅读疗法（Bibliotherapy）	选择（Choice）

A-策略

接纳

"你已经足够好了。"

✓ 问问自己：你是否重视、欢迎和接纳别人的全部，而不仅仅是他们的一两个方面？你是怎么表现出这一点的？你评论最多的部分是什么？这些对青少年来说可能是最重要的。要有意识地注意和回应青少年的不同品质。

✓ 树立既有优势又有需求的榜样：优势是你喜欢的部分，需求是你希望改变的部分。这非常人性化，也为青少年塑造了有力的榜样。我们都有优势和需求。展现出接受自己的"缺陷"和"局限"的能力，是一种完全接纳自我的方式。

✓ 更强调接纳事物的本身而不是改变事物。你应该接纳青少年本身的样子。矛盾的是，这样做往往会激发成就、进步和改变的动力与精力！而当只强调改变而不是接纳青少年现在的样子时，就会导致焦虑，这实际上会阻止真正的、积极的改变。真正被接纳的感觉能够给予青少年平静，从而使其获得成长。

✓ 对青少年来说什么最重要？他们看重什么？你对这一事情/这些事情是否给予了足够的关注、鼓励和赞扬？寻找合适的方式去承认对青少年很重要的事情，即使这些事情对你来说并不重要。例如，他们支持的足球队，他们对观鸟/都铎王朝小说/收集特定品牌玩具的兴趣，他们对衣服的选择……这是接受青少年本身，而不是他们的所作所为。这将帮助他们形成更稳定和积极的性格。

✓ 青少年在他们的生活中是否有一个榜样，是像他们一样且他们能辨别出的人？如果他们周围都是他们期望成为的人，但他们很难确定是谁，这将引起焦虑。你能否找到可以介绍的社区成员、家人朋友、书籍或电影中的角色，帮助年轻人更好地接纳自我？你想传达的信息是："做你自己没关系！"

注意
"你很重要。"

✓ 你是否会对青少年各个方面的发展、性格和行为给予积极关注呢？花一周时间注意你的评论并对你注意到的内容（不管是好的还是坏的）给予"奖励"。这是你希望青少年以牺牲其他方面为代价去发展的领域吗？尝试关注他们生活的其他方面吧。

✓ "高质量的陪伴"大大有助于传达这一信息，并且比你给予青少年的礼物、金钱或承诺更有价值。定期抽出时间认真倾听青少年的意见，让他们有机会分享任何事情，并享受彼此的陪伴，例如，一起参与一项愉快的活动。我强烈建议你在此期间关闭手机，因为青少年很容易注意到你的注意力在别处。

✓ 在网上查一下丹尼尔·西格尔（Daniel Siegel）博士的"健康心智拼盘"。[1]尝试使用这种方法，更加平衡地关注年轻人的各个方面（睡眠，锻炼，与他人和大自然的联结，用于内省、专注、娱乐、放松的时间）。让自己努力成为榜样，因为青少年会通过观察你的生活方式学到很多东西。

建议
"你可以在需要时寻求帮助。"

✓ 你是否能帮助青少年掌握重要的生活技能，例如管理情绪、应对复杂的社交场合和培养自组织的能力？如果你无法在这些事情上提供帮助，请找一个可以提供帮助的人或寻找资源来帮助青少年处理这些事情。在培养重要技能方面，有时我们都需要指导。

✓ 在需要时寻求建议和指导，这样青少年在想要寻求帮助的时候就有了榜样，并且知道"向别人寻求帮助是没问题的"。向青少年展示遇到简单的、日常的任务时，如何像遇到"紧急"情况一样寻求帮助。

态度
"你要有一种成长型心态。"

✓ 青少年会学习你的言行举止。根据以下问题，考虑并回想你的心态，以你的言行建立一个模型（F＝固定型心态；G＝成长型心态）：

- 你把学习看作一种斗争（F）还是一种冒险（G）？
- 你认为全新的经历会让你不堪重负，需要避开（F），还是将其看作可接受的挑战（G）？
- 你是将错误视为发展和成长的必经之路（G），还是显示你不够优秀、很失败、应该放弃的信号（F）？
- 你将情绪视作人类个体的正常反应和了解自身经历的重要方式（G），还是必须隐藏起来或消除的烦恼和弱点（F）？

✓ 如果你的自动化思维偏向固定型心态，那就挑战自己，重新构建它们；例如，把"我永远都做不到"变成"我可以通过练习改善"；把"我需要看起来完美无缺"变成"足够好就行了"；把"太难了，这不值得尝试"变成"挑战和努力能帮助我成长"。我们希望为我们的年轻人建立强大的成长型心态，帮助他们形成最优主义的生活方式。我们要塑造的态度是"我们可以改变，我们可以成长，我们可以学习"，以及"错误和情感是人类宝贵且必要的一部分"。

✓ 经常提醒青少年，没有人是完美的，不完美也没关系。年轻人越是听到周围的成年人以轻松、积极和自信的语气说这句话，他们就越有可能接受这个观点。强调努力比完美更重要。确保你也以此为榜样，因为青少年会学习你的言行举止。

✓ 确保你不会通过不经意地赞美他们的任何成就来强调完美主义。我们希望强调对他们在学习中付出的努力和承担的风险的认可，而不是只强调最终结果。例如，在项目完成并提交后或在一天的测试结束时出去吃庆祝餐，而不是只等待最终的结果。再如，你还可以简单地告诉他们，即使他们感到紧张，你也为他们尝试新事物而感到自豪。

自信
"你可以在不让他人感到不快的情况下满足自己的需求。"

✓ 青少年知道如何表达自己的想法和感受，并自信地满足自己的需求吗？这是很多人一生都在寻找的技能！你是否树立了自信的榜样？青少年会花时间和自信的人在一起吗？我们希望他们不要变得被动、有攻击性或被动攻击，这些交流方式都会对青少年或他们周围的人造成伤害。自信是一种快乐的媒介，是一种可以培养的沟通技巧。它能够让你在不感到沮丧也不让他人感到不快的情况下表达自己。为青少年树立榜样，帮助他们培养自己的技能吧。

✓ 想想书籍、电视或电影中那些没有感到沮丧，也没让别人感到不快，同时为自己挺身而出的角色。也可以想想那些积极沟通的角色或者仍然处于被动状态且无法满足自己需求的角色。与青少年分享这些角色，并鼓励他们反思什么是可行的，什么是不可行的。

挑战完美主义：优化青少年成长的心理指导手册

B-策略

平衡

"要将时间和精力花在生活的不同方面。"

✓ 青少年是否能合理地分配工作、休闲、放松、社交和锻炼时间？你呢？青少年通过观察周围的成年人来学习如何安排他们的时间和精力。了解一下丹尼尔·西格尔博士的"健康心智拼盘"，并开始平衡你的日常生活吧。如果某些领域是缺失的，请慢慢添加，并努力享受它们。如果青少年在许多领域"投入过多"，请想想如何使其减少投入，以给重要的事情留时间。

✓ 青少年明白什么是平衡吗？当他们听到"尽力而为"或"竭尽所能"之类的短语时，他们会怎么理解？对于最优主义的人来说，这意味着"在合理的时间内认真工作"。而对于完美主义的人来说，这意味着"一直做，直到把事情做到完美为止"。告诉他们"足够好"的实际含义和现实中的表面含义，并和他们强调不必为了成功而把事情做到完美无缺。要帮助他们随着时间的推移在关于"成功"和"失败"的思维之间找到平衡。

边界

"给自己设定合理的界限。"

✓ 青少年能否为自己设定适当的边界？他们是否看到你给自己的时间、努力、行为等设置了适当的界限？尝试对任务设置时间限制，这样就不会拖延，可以把省下来的时间花在其他重要的事情上。设置一个计时器会很有帮助，或者制作一张计划表对需要做的事情做个概览。"这样足够好了"是一句有用的口头禅，可以根据需要不停地对自己重复。把未完成的事情放在一个盘子或盒子里也有帮助，它们可以提醒自己稍后继续完成，而不用总是把事情做完。只要不过量，"待办事项"列表会有所帮助；为青少年示范如何使用"待办事项"列表。你是"待办事项"列表的主人，而不是奴隶。

✓ 尝试帮助青少年区分什么是必须要做的，以及什么是额外的或可以选择做还是不做的。通过帮助他们专注于任务的目的来培养"已经足够好了"的心态。例如，作品的内容比表现形式占更多的分数。"成功准则"是有帮助的，它是指在开始一项任务之前需要考虑的事情，即完成任务具体需要什么。青少年可以记下这些内容，我们也鼓励他们定期加以参考。

行为

"你做事是为了挑战自己。"

✓ 青少年是否会尝试利用不同的行为来获得不同的结果？青少年很容易陷入相似的行为模式。关注你认为从长远来看无益的行为，并思考你希望青少年用什么行为来替代无益的行为。

✓ 我们的行为会影响我们的思维方式，就像我们的思维方式会影响我们的行为一样。支持青少年尝试不同的做事方式，并关注他们现在对同样的情况抱有什么不同的看法。他们的行为变化越大，想法就越有可能改变。这将形成一个更为有益的思考和行为循环，以取代无益的循环。

✓ 当青少年走出舒适区的时候，你是否有为他们庆祝？用看得见的方式为青少年记录下进步情况是有帮助的，例如用手机拍张照片或将杂志、报纸做成剪报贴在日记中，展示青少年成功改变了哪些行为。

挑战完美主义：优化青少年成长的心理指导手册

花时间与青少年一起回顾他们的进步，并帮助他们认识到学习是一个过程，而不是一个单一的事件。

✓ 你有什么行为是你自己想改变的，或者是青少年提议你改变的吗？借此机会做个榜样，向青少年展示你在尝试新的行为方式，让他们知道改变是可能的并且可以一直进行。

信念
"相信你自己。"

✓ 你认为青少年是在用对自己有益还是无益的方式看待自己、他人和整个世界？通过观察青少年的言行，就可以知道他们在想什么。观察不同场景下的他们，尝试弄清楚青少年对于他们自己、他人和生活的信念是什么。如果这些信念是无益的，就考虑一下你希望用什么来代替它们。

✓ 尝试强化有益的信念，例如"我能够解决问题""当我陷入困境时，其他人会帮助我"和"如果我善良并努力，生活通常是公平的"。

✓ 尝试挑战无益的信念，例如"我应该第一次做这件事就成功""其他人都在等着看我的笑话"和"生活是不公平的，我需要掌控人们对我的看法"。帮助青少年寻找一些例子，证明这些想法是错的，并为他们提供更有益信念的例子。

阅读疗法
"你可以向别人学习。"

✓ 你是否会和青少年分享"不完美主角"的例子来激励和教育他们？文学人物或现实生活中的人中有许多勇于挑战的例子，这对青少年很有帮助。书籍、电影和互联网是寻找此类榜样的极佳来源。例如

《指环王》里的弗罗多·巴金斯、《阿甘正传》里的阿甘、《哈利·波特》里的赫敏·格兰杰和《饥饿游戏》里的凯特尼斯·埃弗丁等人物，或者是现实中的人物如理查德·布兰森、奥普拉·温弗瑞、J. K. 罗琳和迈克尔·乔丹等。

✓ 青少年是怎么看待电影和电视中的人物的？他们能从中学到什么？你和青少年一起观看的时候，请记住从最优主义的角度评论这些内容。我们所注意的内容会给我们更多启发。

✓ 在你的社区、家庭或朋友圈中，有没有人可以成为青少年培养积极心态、信念、价值观或行为方面的学习榜样？这个人可以在学校举行一场演讲，与青少年一起进行一个非正式的"项目"，充当"导师"或和他们成为"笔友"。

C-策略

沟通

"分享你的想法和感受。"

✓ 青少年是否有能力和经验适时且有效地传达他们的需求，还是他们会把事情都放在心里？让他们有机会每天在没有压力的环境中分享他们的生活点滴。可以从小事说起，比如"你今天过得怎么样"，然后逐渐深入，谈论他们对事情的感受。一些青少年可能更喜欢采用非语言交流的方式，例如通过写作或进行艺术创作来反映他们的内心世界。这些都是有效且重要的沟通方式。告诉他们你很重视与他们进行的各种形式的交流。给他们空间和机会，让他们以舒服的方式与你分享。持续关注你发现的任何相关的事情，这可能是青少年寻求帮助的线索。

✓ 你会示范如何表达自己吗？我们希望青少年看到我们与朋友、家人、同事、社区成员、权威人物等各种各样的人所进行的良好沟通。让他们看到我们通过不同的方式表达自己，例如艺术、唱歌、跳舞、运动、做家务、业余戏剧表演等，也是有帮助的。让青少年大胆展示自己不同的方面，不需要隐藏任何东西。让他们知道如何安全地展示自己是非常重要的；他们能够通过观察你学到很多东西。

挑战

"从承担风险中获得成长。"

✓ 青少年是否能够承担不同程度的风险，并具有创造力，还是说他们更愿意留在"舒适圈"？支持他们尝试新事物，为他们提供机会去做不同的事情。当他们展现创造力和"跳出思维框架"时，给予赞美。

✓ 青少年是否看过你尝试新事物并能承担风险，或由于学习不熟悉的内容并要面对错误而变得脆弱？例如，尝试一项新技术、参加远程学习课程、关心邻居的困难或试图解决某些问题。他们将从这些示范行为中学到很多东西。

✓ 与其他人或一个团队一起尝试时，挑战通常会更容易。作为一个班级或家庭尝试新事物，这样重点就不会完全在青少年身上。引导青少年尝试一些与他们平常关注的或专业的领域不太相关的活动。例如，一些高完美主义倾向的学生非常喜欢照顾动物或做手工的活动。也有一些学生可能很适合与年幼的孩子玩耍或照顾老人的活动。

✓ 让青少年远离那些很熟悉的亲朋好友，也会让挑战变得更容易。尝试为青少年提供机会远离他们熟悉的同龄人或家人。这些经历可以让青少年有机会尝试"不同的生活"。

应对

"你可以度过困难时期。"

✓ 青少年是否有应对压力的能力，例如放松的技巧和社会支持关系网？关注青少年在挑战时期或走出舒适圈时会做些什么。思考一下你更希望他们做什么。

✓ 教青少年如何在情绪失控时让自己平静下来。"情绪辅导"是一种有用的方法，可以在网上找到这方面的详细信息。[2]同样，向青少年示范自己如何调节情绪，这也是青少年学习的重要途径。

✓ 帮助青少年思考遇到困难时他们可以和谁交流。在挑战时期，你可能要帮助他们与他人建立值得信任的关系。

✓ 支持青少年反思他们的能力；给他们解决问题或做出选择（无论是多小的事情）的时间。如果他们遇到困难，帮助他们一起反思。

✓ 为青少年指出身边的"榜样"。每当一些名人结束自己的生命时，青少年的自杀率会随之上升，这一情况令人痛心。父母自杀的孩子也有更大的自杀风险。我们从我们认同的人那里学习应对生活压力的方法。当你发现电视、电影、书中的角色，或现实生活中的人以不健康的方式（尤其是通过自杀）"应对"他们的压力时，请一定要找时机与青少年谈论此事，至少让他们知道应对压力有其他的方法，并且让他们知道要告诉别人自己正在遭受痛苦或感到绝望，这样别人才能提供帮助。

同情心

"对自己和他人都好一点。"

✓ 青少年有没有对自己表现出同情心？对他人呢？他们是否像对待年

幼的孩子一样关心和考虑自己？同情心与批评相反；它体现了关怀、体贴和现实的期望。当你注意到青少年表现出同情心时，要通过标榜和奖励这件事来显示它的重要性。

✓ 对青少年要富有同情心，即使他们抗拒按照你想要的方式行事、"惹恼了你"或对他们自己缺乏同情心。同情心意味着希望青少年得到最好的并引导他们帮助自己。有时这意味着成年人自己要忍受当下的不愉快，以满足青少年的需求。

✓ 成为失败的积极榜样，并对自己宽容一点。请注意你有没有因为压力或好像做错了什么而感到紧张。以一种亲切和引导的方式明确地对此发表评论，就好像你在与年轻的自己交谈一样。允许自己以一种富有同情心的而不是取笑的方式来自嘲！青少年会注意到这一点并加以学习。

选择
"你可以控制发生在你身上的事情。"

✓ 青少年对他们生活中的事情是否有足够的选择权和控制权？生活中的哪些领域是他们可以真正自由选择的？当青少年在生活中缺乏选择权和控制权时，他们可能会感到有压力，从而寻求对饮食、外表和学业等事情的控制。你能否为他们提供更多选择，从而让他们觉得自己有更多的控制权？这一开始看起来只是微不足道的事情，但它们可能会对青少年产生很大的影响。要让青少年明白他们的选择不会导致灾难，而且可以帮助他们在生活中继续前进。

✓ 青少年是否觉得他们有太多选择？选择太多也可能让人无所适从。有时，青少年需要别人帮助他们了解如何做出选择和应该优先选择什么么。将重大决策分解成小步骤、分析利弊、向可信赖的人寻求建议、制定可视化时间表、列出清单和绘制思维导图等方法，可以帮助青少年更容易做出重大决策。人们难以作出选择的原因常常是害怕"作出错误选择"。帮助青少年为所有可能发生的事情作好计划，这样无论他们作出的决定会有什么结果，他们都能接受。确保成年人能承担成年人的责任，并允许青少年拥有"成为孩子"的自由。

进一步支持

表7.2　成年人提供支持的"快速指南"摘要

发现无益的认知	当讨论正在做的事情时，要注意学生使用"应该""必须"或"需要"这些词的情况，并与他们进行探讨（例如，你为什么必须要这么做？如果你不这样做会发生什么？为什么那样会很糟糕？你还有哪些其他选择？）。
现实检查	帮助学生检查证据并在"安全"行为的实验中检验他们的假设（"让我们尝试……""为什么不试试……""你可以……""如果……会发生……"）。
教育	给他们讲解完美主义和最优主义，以及两者的想法、感受和行为之间的联系。
转变视角	不断加强从以结果为中心到以过程为中心的转变，避免和他人比较。培养他们对"当下"的享受，而不是享受成就和结果。
发展技能	通过正念和基于接纳的方法，努力培养他们在妥协，优先次序，考虑大局，以及容忍不确定性、痛苦、不适和模糊性等方面的技能。

以下想法受到牛津中学全校性活动"再见，完美小姐"的影响。

全校范围内使用的方案

介绍

· 召集学生以"开始活动"。

· 与父母交谈，回答他们的任何疑问或疑虑，并分享自己的想法。

· 在学校周围使用最优主义的标志（例如"我还做不到……"，"这已经足够好了，我已经足够好了"，关于不同生活领域和平衡的生活方式的图片等）。

活动

· 邀请专家（如来自高等院校）讲授相关内容：追求完美会带来的危险；你在学术界耕耘越久，就越明白不可能有一个正确或完美的答案；学术研究需要创造力、自信和敢于冒险。

· 使用并多用积极的自我对话来形成一种共同的语言，例如：

  - "已经足够好了。"

  - "随它去吧。"

  - "没有人是完美的。"

  - "试试吧。"

· 帮助学生进行长远思考并着眼于全局；虽然他们的成绩将是走向下个阶段的跳板，但是五年后，不会有人关心他们得到过什么样的成绩。可以邀请已毕业的学生回来谈谈他们离开学校后发生的事情：好的事情与不好的事情，以及他们是如何应对的。

· 利用艺术、戏剧、音乐、舞蹈和创意写作等活动来表达和探索感受。

· 坚持撰写成就日志，记录每天取得的所有非学业方面的成就。

· 定期讨论生活中除学业以外的其他领域的情况，例如：什么样的朋友是好朋友？你是如何处理愤怒的？你放松的方式有哪些？

· 禁止使用手机，鼓励"活在当下"。

· 分享那些尽管犯了错误但仍然获得成功并受到欢迎的人的故事和新闻报道。引导学生理解"一个人的哪些品质是天生的，哪些是可以改变的"。

· 比较通过完美主义或最优主义取得成功的名人；思考他们的心理

健康状况和生活幸福感。思考别人是如何在成功和幸福之间取得平衡的。

· 与同学互相挑战在重要的事情上经历失败，并思考接下来会发生什么。

· 通过书写和互赠笔记来练习给予和接受反馈。

· 在涉及社区的项目中培养社交技能和关联感，尤其是与老人、残疾人或儿童这些"弱势"成员之间的联系。

· 鼓励每个人学习一项新技能并记录自己的进步；定期与值得信赖的成年人一起回顾自己的进步。

· 邀请嘉宾介绍一项学生以前不太可能见过或尝试过的新活动。思考一下通过尝试新活动可以取得多少进步以及获得多少乐趣。也许学生可以主持会议，教他们的同学或学弟学妹做一些他们喜欢做的事情或是他们觉得自己擅长的事情。

· 加强校内情感素养教育。演示一个与完美主义特别相关的例子：反复摇晃一瓶汽水，然后一次性拧开，这时液体溢出，混乱且不受控制。如果一次拧开一点点，液体就不会溢出，感觉是可控的。用这个例子来比喻要定期地表达我们的情绪，而不是压制它们。也可以采用释放气球中的空气这一例子：要么一次性全部释放完，整个过程不可预测且可能失控，要么捏住气球末端一点一点释放，整个过程是可控的。

· 健康的运动是减少压力、焦虑和抑郁等心理健康问题的绝佳方式。通过全校性的日常活动，例如晨间散步或午间瑜伽，发展健康的运动态度。

· 还可以引入全校放松课程，让学生学习不同的放松方式。这些可以作为反思个体差异、偏好和需求的机会，因为每个人对某些放松策略的反应是不一样的。可以尝试的例子包括：

- 保持活跃，例如散步、拼图、涂鸦……

- 分享你的情绪，例如与某人谈论你的感受、写日记、绘画……

- 利用你的感官，例如挤压坐垫、闻精油、看一张能让人感到平静的照片或图片、听音乐、喝一杯茶……

- 可视化你的想法，例如详细地想象一个平静的地方，想象自己在应对特定情况，回忆一段愉快的经历……

- 运用你的有益想法，例如重复一段口头禅，练习积极的自我对话，学习励志名言……

- 与他人联系，例如和别人聊天，观察别人，帮助别人……

· 鼓励学生在学校社区和网络上研究完美主义的定义，并在小组中讨论他们自己的想法。可以利用这个机会去探索一些没有确定或者"正确"答案的问题，以及妥协的必要性。想一想遇到过的两难境地：没有"能解决的方案"，而只有"想解决的决心"。还可以探索完美主义的利与弊，并将最优主义作为积极对立面加以介绍。学生或许可以设计他们自己的海报或演示文稿，以促进学校发展"最优主义"。

全体会议

· 组织学生介绍他们所学到的内容与他们早就知道的内容。鼓励学生反思学习的情感体验、错误和骄傲的力量，以及努力和挑战后的真正成就感。

· 与其他同学和家长分享艺术/戏剧/舞蹈/创意写作等方面的作品，以展示与完美主义相关的一些知识及所克服的一些问题。

· 计划如何随着时间的推移继续发展最优主义，包括短期目标和长期目标，以及如何实现目标。

后续思考

记住要回顾青少年的点滴进步，并抓住机会庆祝他们付出的努力以及对技能的运用！还要记得庆祝自己为帮助他们改变行为所做的努力。

- 学生在实现技能目标方面取得了哪些进展？
- 这种方法是否需要改进？如果是，那么需要改进什么以及如何改进？
- 随着我们相关意识的增强和经验的增加，现在还有其他学生表现出任何令人担忧的迹象吗？
- 作为专业人士和家长，我们学到了什么？我们将来要如何利用这些知识造福学生和我们自己的孩子？
- 一旦取得了进步，我们如何庆祝？

注释

1. https://www.drdansiegel.com/resources/healthy_mind_platter.
2. https://www.emotioncoachinguk.com/what-is-emotion-coaching.

第8章 ┃ 青少年自身可用的策略

"改变也许很难，但却是可能的，而且是值得的。"

准备……

本章专门针对那些觉得自己是高完美主义倾向者，想了解如何摆脱完美主义的思维和行为方式，转向"最优主义"生活方式的青少年。

最优主义是一种比完美主义更可能带来成功和幸福的思维、感受和行为方式。本书提供了可帮助你实现目标的策略，称为"ABC"，以便于阅读和记忆。本章最后还有一张表格，展示了最优主义自我对话的想法，可作为你的努力方向。

预备……

我极力推荐这些有助于发展"最优主义"的策略：

- ✓ 你不必记住或尝试所有事情。
- ✓ 即使你只是尝试一两件事，这也将是朝着正确方向迈出的积极步伐。
- ✓ 即使你觉得不成功，也比根本不尝试要好。犯错是学习的重要组成部分，即使它们可能会带来不愉快；你也可以从经验中获得一些东西，以便下次把事情做得更好。

✓ 从小事做起。

✓ 以你觉得舒服的方式寻求帮助。

✓ 请记住，基于时间、实践和机遇，改变是可能的。

✓ 如果你什么都没改变，试着经常对自己说这句话，直到它变成一种固定的信念：

"我已经足够好了。"

你可能现在还不相信，但经过足够多次的重复，总有一天你会相信的。

开始！

"ABC"策略如表8.1表示，下文对其进行了更详细的解释。

表8.1 挑战完美主义的"ABC"策略

A	B	C
接纳（Acceptance）	平衡（Balance）	沟通（Communication）
注意（Attention）	边界（Boundaries）	挑战（Challenge）
建议（Advice）	行为（Bahaviour）	应对（Coping）
态度（Attitude）	信念（Beliefs）	同情心（Compassion）
自信（Assertiveness）	阅读疗法（Bibliotherapy）	选择（Choice）

A-策略

接纳

"我足够好了。"

✓ 告诉自己："生而为人，我本就既有优势又有不足。"让这成为你的口头禅。写在一张纸条上，贴在你每天都能看到的地方。总有一天你会内化它，让它会成为你内心的声音。

✓ 在一张纸的中间画一个火柴人，这就是你。在纸的一半写下你所有的长处（可以请其他人帮忙）；在另外一半写下所有你觉得困难或对自己不满意并想要改变或做得更好的事情。这是一种客观看待自己的可视化方法，而不是"非黑即白"。一个正常的人，是优点和缺点的混合体！

✓ 在一张纸的一侧画出/列出你身上的理想品质，在另一侧画出/列出你身上的不理想品质，在两者之间画一条线以形成天平。你现在在天平的哪里？你可以采取哪些小措施让自己更贴近理想中的自己？你的"理想自我"是现实的和能实现的吗？如果不是，请调整你对"理想自我"的描述。要建立自尊，首先需要接纳自己。

✓ 画一个手提箱，在里面写下所有对你有价值的东西。对你来说什么是重要的？粘贴或画出反映你价值观的图片，并经常观察它们。这些是你的个人价值观，需要牢记。你是按照你的价值观过你的生活，还是按照别人的价值观？你越是忠于自己的价值观，就越能平静地看待自己。

✓ 从书籍中和网络上了解更多关于完美主义和最优主义的信息。你会发现有很多像你一样的人，他们的经历可能会提供有用的启示。阅读那些在逆境中取得成功的人的传记，你会更能接受真实的你，包括你的缺点和所有的一切！你可能会看到许多遭遇"困难""差异"和"缺陷"的人，包括：遭受过损失、伤害或创伤的人；患有身体或精神疾病的人；生活环境非常具有挑战性或当前生活条件艰苦的人；犯过很多错误，或是犯了一个错误而改变了整个人生的人；尽管之前遭到排斥且经历了"失败"，但最终还是成功了的人；无惧年龄和障碍而取得伟大成就的人。帮助你开始行动的示例有：J. K. 罗琳、桑德斯上校、阿尔伯特·爱因斯坦、沃尔特·迪斯尼、史蒂文·斯皮尔伯格、披头士、迈克尔·乔丹和托马斯·爱迪生等。这样的例子还有很多，找到对你有吸引力的人并探索他们的故事。你能找到与你自己相似的地方吗？你能从他们的经历中学到什么？

✓ 接纳你现在的样子，不过你也可以改变它！两者都是可能且可以的。例如，你可以喜欢完美的东西，但也要能接纳"足够好"的东西。你现在可能会对错误感到非常沮丧，这没问题。但是，随着时间的推移，你也会更能容忍犯错。有点担心是正常的，要知道随着年龄的增长，你犯了错后就不会再那么紧张了。接纳你现在的样子以及承认你在未来可以改变都是可能、可行并且有帮助的。这两种想法能帮助我们感到被认可（好像我们的感觉是真实的和有价值的），并为我们的未来提供动力和希望。

注意
"我很重要。"

✓ 每个人都需要以某种方式"被看到"。想想谁在你生活中给了你那种让你对自己感觉良好的关注。也许他们关注的是对你来说最有价值的领域，也许他们完全接纳了你的全部，也许他们关注你的感受。你能花更多的时间和这些人在一起吗？有时我们会远离这些给予我们积极关注的人，因为我们更习惯于吸引对我们来说"不太有用"的人的注意。有一个办法可提醒你将注意力集中在给予你积极关注的人身上，那就是在你手机中给他们的名字旁边添加一个图标（例如，代表健康、成长和培育的苹果），然后每当他们给你发送消息或你在浏览联系人列表时，系统会提醒你将注意力转向他们，而不是避开他们。

✓ 在线查找丹尼尔·西格尔博士的"健康心智拼盘"，据此来平衡你对日常活动的关注：睡眠（对于巩固一天的学习和让身体从一天的经历中恢复过来是必需的）；锻炼身体（增强身心健康的运动）；与他人交往和感受大自然（而不是坐在屏幕前）；内省（专注于你内心世界的感觉、想法和感受）；娱乐（自由、自发和创造性地让大脑建立新的联系）；专注（专注于一项任务，在大脑中建立深层联系）；放松（让你的思想有机会在没有特定目标的情况下放空，以帮助大脑充电）。努力实现平衡，或者至少不要忽视或过度专注于任何领域。也许可以将"健康心智拼盘"打印出来，并将其贴在你每天都会注意到的地方，这样有助于提醒我们平衡我们的活动时间。

建议

"我在需要时会寻求帮助。"

✓ 哪些领域是你觉得更具挑战性的？哪些领域是你喜欢或擅长，但还想获得进步的？想想你可以请谁来指导你做这些事情。考虑一下谁能成为有帮助的"导师"或"教练"，他们对你不会非常苛刻，而是在你前进的过程中逐步引导你。如果你还不愿意向他人寻求帮助，那可以通过书籍或互联网视频获得帮助。

✓ "我们有时都需要帮助。"经常提醒自己这一点，让它成为你内心的声音。你的"最优主义"态度会提醒你，我们都有成长和进步的潜力，而通常我们需要某种形式的建议和指导来帮助我们做到这一点。"寻求帮助是完全可以的。"事实上，这通常是明智的做法。

态度

"我有一种成长型心态。"

✓ 告诉自己："足够好就可以了！"经常重复这句话。将它存储在手机里，将它写在便利贴上贴在学业计划书中，把它做成海报贴在墙壁上……每天都重复的信息很快就会以自动思维的形式在我们的脑海中变得牢固。

✓ 注意你一周内的想法。在一张纸上画一个跷跷板，在跷跷板的两侧写下你的"非黑即白"的想法。什么是客观的中间立场？尝试把这个立场放在所有"非黑即白"的想法中。生活充满了妥协，需要练习才能做到这些。

✓ 在继续做下一件事前通过活动分散一下自己的注意力。这可以是身体活动（比如有意识地散步或跑步，或者整理你的衣服或书架）、感官活动（比如抚摸宠物、洗个热水澡或浏览令人开心的图片）、一些常规和重复的事情（比如洗衣服、收拾或整理你的物品）或一些更理智、更有创意的事情（比如数独游戏，单词搜索，阅读书籍、杂志，或涂鸦）。如果你陷入自己所做的事情中而没有进展，请重复告诉自己"足够好也完全没问题"，并把注意力转到其他事情上。如果你的思想陷入了一个循环，要告诉自己它们是想法，不是事实，同时借助活动来平静和分散你大脑里的重复想法。

✓ 练习妥协，并关注你所取得的进步。一开始你需要忍受这种不舒服的感觉；随着时间的推移，这种不舒服的感觉会减少，你会变得"更强"，越来越能忍受不适，而不再试图抛开它。例如，如果你总是纠结于已完成的事情，那么当你这样做时，要注意告诉自己"我要把这些想法放在一边"，并让自己参与到其他事情中。当你有紧张、担心或压力的感觉（这些感觉很可能是因为你的大脑习惯于重复相同的无益想法而不是抛开它们）时，利用应对技巧，直到将这些感觉减少到能让你继续做别的事情。应对不适的方法包括：正念呼吸（例如数到10，同时轻轻地吸气和呼气，注意胸部和喉咙的感觉）、可视化（使用你所有的感官和想象力详细地描绘一个令人愉悦的场景，）或渐进式肌肉放松（收紧然后依次释放从脚趾到头部的每块肌肉）。

✓ 尊重人权。询问人们如何理解"权利和责任"。这些才是人生真正重要的事情！而其他事情并不总是需要达到最高标准。

✓ 了解一些比你不幸的人的观点，例如那些生活在饱受战争蹂躏的国家的人、露宿街头的人（无家可归者），或者无法轻易获得医疗保健或教育权利的人。你或许可以找到一些方法，花些时间和精力帮助那些比你生活得更不容易的人。列出生活中哪些事情是真正重要的，哪些事情只是在当时看起来很重要。经常以此作为参考。

✓ 阅读关于"成长型心态"的书籍并开始给自己提供有用的信息："我可以改变，我可以成长，我可以学习"以及"错误和情绪是人类的重要组成部分"。注意谁在你的生活中，或在电视、电影或书籍中也有这种态度，让他们成为你的新榜样。

✓ 在纸条上给自己写一句箴言，贴在每天都能看到的地方。比如这句箴言可以是"学会从失败中学习，否则将不会有进步"。这将提醒你犯错是学习和成长的一部分。这句箴言也可以是"如果没有失败的机会，就没有真正的成功"。而真正的自豪来自真正的成功。

自信
"我可以在不让他人感到不快的情况下满足我的需求。"

✓ 你能否在不会让他人感到沮丧或不快的情况下向他们表达你的想法和感受？你能满足你自己的需求吗？如果这些事情会引起焦虑或导致人际关系问题，你可以努力培养你的自信。告诉自己两个重要信息：

· 我的想法、感受、愿望、需求和信念很重要。
· 其他人的想法、感受、愿望、需求和信念很重要。

✓ 练习心理"脚本"，以帮助你在分享重要信息时不会感到沮丧。你练习得越多，对他人述说时就越容易。

✓ 告诉自己可以说"不"。"不"可以是一个完整的句子。你不需要证明你的回答是正确的。你可以提前练习，包括你将如何处理它带来的感受。

✓ 当你做了一些让他人感到不高兴的事情时向他们道歉。要对自己的行为负责（但只对你的行为负责；你不用对他人的感受、想法或行为负责）。

B-策略

平衡

"我将时间和精力花在生活的不同方面。"

✓ 告诉自己："我生活的其他方面也很重要。"经常提醒自己这一点。

✓ 画一张饼图并将其分成六个部分，以显示你在生活的以下方面花费了多少时间和精力：学校/工作、健康、人际关系、日常生活（清洁、旅行、家务等）、娱乐（爱好/休闲）、精神生活（寻找一个目标，例如帮助他人）。这与所有部分大小相等的饼图有何不同？这张图表明你可以更多关注哪些领域，对哪些领域的关注可以减少。

✓ 写下将时间和精力投入到对你来说有价值的领域而忽视其他领域的利弊（短期的和长期的）。这会稍稍改变你原本的想法吗？

边界

"我给自己设定了合理的界限。"

✓ 告诉自己："首先我要……然后我会……"这有助于为我们的活动提

挑战完美主义：优化青少年成长的心理指导手册

供一个框架。

✓ 问问自己："这项任务的目的是什么?""什么是合理的?""优先事项是什么?""我到底需要从中实现什么目标?"在任务正在进行时停下来，再问自己一遍这些问题。让自己不要做不需要做的事情。

✓ 制定时间表或列出你想要/需要做的所有事情，写下你将在它们身上花费多长时间。然后将每个任务分解成小步骤，每完成一项就打个钩。边做边检查时间表和任务清单——如果很明显你的计划太多而无法完成，那么你可能需要改变你的计划。遇到这种情况，请不要自我批评！实事求是地规划是一种技能——练习得越多，你就能更好地为自己计划合理的工作量！

✓ 思考/记录你在生活中其他领域（身体、情感、社交）的界限——哪些是你能够接受和容忍的，哪些是不能的？设定边界能够帮助我们安全、成功地度过人生。网上有些指南可以帮助你保持健康和安全。[1]

✓ 聪明地工作而非只埋头苦干。通过记录你在每件事情上花费的时间，考虑如何"偷工减料"但仍然能完成任务来有效利用你的时间。向那些善于利用时间的人寻求建议。

行为

"我做事是为了挑战自己。"

✓ 告诉自己："我的行为方式会改变我的想法和感受。"经常提醒自己这一点。

✓ 尝试一个行为实验：想一件会让你有点担心的事情并去做一做（例如，与他人发生争执，把你作品的一角弄皱）。注意发生了什么并告诉自己"没关系"。当你重复这件事时，焦虑会减轻。回顾你做成功的行为实验！通常我们担心的所谓的"最坏情况"要么不会发生，要么根本没那么糟糕。这可以改变我们的思维方式，使我们的想法和信念变得更合理，对我们更有帮助。如果你觉得自己无法解决这个问题，请向合适的成年人寻求支持，他们可以帮助你应对这一挑战。

✓ 不要总是把自己的焦虑当真，它会让你陷入恶性循环。克服焦虑的最好方法是"感受恐惧，直面恐惧"。我们害怕的事情本身往往没有我们在脑海中所构筑的关于这件事的想法那么可怕。我们的想象通常比现实糟糕得多。如果你不相信我的话，就自己试试吧！

✓ 如果没有失败的机会，就没有真正的成功。当我们限制自己，只做自己擅长的事情时，我们永远不会感到自豪或获得成就感，也不会得到成长。尝试一些你觉得不那么自信能获得成功的事情；当你努力培养自己的技能以实现这一目标并最终战胜挑战时，将获得巨大的自豪感，并得到真正的成长。

信念

"我相信自己。"

✓ 你对你自己、你的能力、你的个性等有什么看法？这些很可能是突然出现的"无意识想法"，尤其是当你处在压力之下时。尝试关注它们并将它们写下来。将这些想法公布出来，你可以观察它们并在它们对你无益时开始努力改变它们。

✓ 对于你记录的每一个无益的想法，试着替换一个有益且善意的想法。每当你听到自己表达原来的想法时，就告诉自己新的想法。通过这样的练习，随着时间的推移，你可以改变你的思维方式。"持续练习，直到你成功！"我们的大脑可以而且确实会随着反复练习而改变。

✓ 你对其他人、他们的能力有什么看法，以及你对他们有什么期望？同样地，注意你对他人的任何无意识想法，并再次用其他信念挑战这些想法。练习，练习，再练习。

✓ 写下你每天都能看到的新的、有用的想法。这将提醒你自己练习新的想法。例如：

  · 我挺好的。

  · 我可以做这个。

  · 他们正在尽力而为。

  · 如果我向他人寻求帮助，他们会给我支持。

阅读疗法
"我可以向别人学习。"

✓ 你不需要自己弄清楚所有的一切。生活充满挑战，你可以向那些"走过你正在走的路"的人学习。在网络上或书籍中寻找经历过挑战的人并了解他们是如何战胜挑战、实现目标的。你可以看看名人自传和回忆录，包括本杰明·富兰克林（Benjamin Franklin）、玛雅·安吉洛（Benjamin Franklin）、纳尔逊·曼德拉（Nelson Mandela）、安德烈·阿加西（Andre Agassi）和菲尔·奈特（Phil Knight）等。你的家庭或所在的社区中可能也会有些成员有自己的激励方式；可以从这些人身上学习经验，如果你觉得舒服的话，就和他们谈谈。向他们学习如何应对挑战，并亲自尝试这些方法。发展自己的应对技巧"武器库"，以备遇到困难时使用。

✓ 请他人推荐相关书籍和电影。从这些书籍和电影中你可能会发现一些令人惊讶和鼓舞人心的故事，这些故事与你同在，并成为塑造你角色的重要组成部分！

✓ 当你找到一个你觉得能让你有所激励的人时，把他的照片贴在你经常看到的地方，并用它来提醒你想要的态度、信仰、价值观和行为。也可以在照片上写下代表这些品质的词作为额外的提醒。

C-战略

沟通
"我会分享我的想法和感受。"

✓ 告诉自己："分享我的想法和感受很重要。"情绪需要自由表达，以帮助我们了解我们的需求。不应该把情绪隐藏起来。压抑我们的情绪，只会让它们慢慢积聚能量，最终以不受控制的方式从我们身上爆发出来。情绪需要空气和自由，让它们释放出来！

✓ 问问自己："我感觉如何？""我在想什么？"要学会感知自己的想法和感受。

✓ 每天记日记：以你喜欢的方式（例如文字、歌词、名言、图画、照片……）记录你当天的想法和感受。

✓ 扩展你的情绪词汇表——尽可能多地写下表达情绪的词汇及它们的反义词。试着想象一下你自己有这样的感受（或看到别人有这样的感受）。随着时间的推移，将越来越多的情绪词汇添加到列表中，并尝试在两个对立词汇之间填充词语以建立情绪的"连接介质"。在网上查找情绪词汇列表；想想每个人可能会有什么样的感受，以及到目前为止你在生活中什么时候可能体验过这种感受。

✓ 用艺术材料在纸/画布上表达你的想法和感受（目的是表达，而不是创造一件艺术品！如果你愿意，"成品"可以作为私人收藏，也可以回收或扔掉！或者用它作为启发，创作一件真正的艺术品）。

✓ 在你可以独处的地方，尽可能大声和夸张地跳舞或唱你最喜欢的歌！看一部就像在与你交流的电影，它很可能会帮助你处理一些深刻的感受。

✓ 列出或画出生活中所有你可以与之交谈的人。有些人更适合当作玩伴，有些人你要认真对待。要分清他们属于哪种。

✓ 观察不同人的沟通方式：被动的、攻击性的、被动攻击性的还是自信的？模仿那些自信的人的沟通风格（如果不确定，请查阅这些术语）。

✓ 练习表达自己。给某人写一封信，告诉他一件未说出口的事情。完成后将其销毁或考虑在适当的时间发送出去，并准备好应对任何后果。

挑战

"我会从承担风险中获得成长。"

✓ 告诉自己："我可以做到"；"这将是一次冒险"；"冒险最终是值得的"。经常重复这些想法。

✓ 尝试新的事情——任何事情！用和以前不同的顺序穿袜子，在餐厅里坐到不同的椅子上，也可以走不同的路线上学。请注意，虽然会有不同的感觉，但没关系！再尝试一下更大的挑战，例如只阅读一次就交作业，或在休息时与不认识的人交谈。你接受的挑战越多，你的舒适圈就会越大！试想一下，你可以在你的生活中获得什么！这里有一句很有帮助的话："感受恐惧，直面恐惧。"不要总是相信你的恐惧——有时它会成为阻碍。另一个有用的说法是："如果没有失败的机会，就没有真正的成功。"挑战自我并成长吧！

应对

"我可以度过困难时期。"

✓ 告诉自己："我能应付。"把这句话写在你经常翻看的笔记本上。

✓ 尝试以下"多模式"应对技巧，找出你的个人应对方式：哪种方式最适合帮助你释放紧张情绪？

- 行为（做一些事，例如散步、玩拼图……）。

- 情感（谈论你的感受，写日记，画画，看电影……）。

- 感觉（挤压玩具，闻精油，看一张令人欣慰的照片，听音乐，喝茶……）。

- 想象（详细描绘一个平静的地方，描述自己正在应对……）。

- 认知（积极的自我对话，重复口头禅，例如"没关系"……）。

- 人际互动（寻找陪伴，和别人聊天，提供帮助……）。

- 药物/生物学（减少咖啡因摄入，尝试锻炼，看你的家庭医生……）。

✓ 画一个工具箱或袋子，然后在里面写下所有你在感到压力时可以使用的"工具"和技巧。把它放在你需要时可以找到的地方。

✓ 请记住——有时感到压力是正常的！每个人都必须学会应对。虽然焦虑使我们的大脑停止"思考"，但应对技巧能帮助它再次发挥作用。

✓ 练习正念可作为一种有用的应对策略，把以下想象作为开始：

- 想象天空。这是对你的思想和真实自我的隐喻。无论天空中发生了什么，它始终存在。当下，稳定，一致。在你身边。你一直都在，就像天空一样。

- 想象云朵。这些是你意识的隐喻。云来来去去，飘过我们的意识。

意识也不是永恒的。让想象中的云彩飘出意识；让任何想法随它们飘散。意识就像云一样，大小、形状和强度各不相同。

· 想象天气。这是你情绪的隐喻。天气可以从温和宁静变得阴冷和强大。它可以让人感到愉快、阴沉、沉闷或恐惧。注意天气和你的心情如何变化。让你当前的情绪状态可以显现出来。请注意如何在想象中慢慢改变天气以帮助你改变当前的心情。

· 想象一下鸟类、飞机、热气球、树叶或其他任何你能想到的能在空中飘浮、飞行或翱翔的东西。这些可以是你生活中发生的事情的隐喻：人、地方、经历。注意它们是如何移动的、你对它们的关注程度以及它们可能会去哪里。

· 请注意，无论发生什么，天空仍然固定在那里。始终将你的意识带回到当前时刻，并提醒自己你很稳定且安好。

同情心
"我对自己和他人都很友善。"

✓ 告诉自己："没事的"；"没关系"；"让我们再来一次"。

✓ 每当你批评自己，告诉自己应该做什么的时候，问问自己："这项任务的目标是什么？""这其中真正重要的是什么？""实现这一目标的最有效方法是什么？"

✓ 问问你的老师/朋友/父母他们会采取什么方法，然后试试看是否适合你。学校生活是为了试验你如何最有效地学习，因此尝试一些比你当前所用的更轻松高效的方法。

✓ 为了减少担忧，问问自己："这是我能解决的问题吗？"——如果是的，请使用平静策略让你的大脑处于正确的思考状态，然后记下解决问题的所有可能方法，并选择其中一种去做。如果它不起作用，你就知道下次要尝试别的方法。如果不是你能解决的问题，那你也无能为力，因此担心也没有用！找点事情分散自己的注意力。不要相信你的担忧！它就像一把摇椅：它让我们有事可做，但并不能让我们走远。

✓ 当你取得成就时，要奖励自己，无论是多么小的成就。在"积极的书/文件夹"中经常记录你的进步和成就，并好好善待自己。活着是为了生活！

✓ 请注意你想或说"应该"或"需要"的时候，把"应该""需要"替换为"可以"和"更愿意"等更委婉的词。

选择
"我可以控制发生在我身上的事情。"

✓ 如果我们觉得自己在生活中没有控制权或选择权，我们就会感到有压力。想想你在生活中做过哪些选择，即使它们看起来微不足道，比如你早上穿什么衣服，选择什么风格的发型，听什么音乐或阅读什么书。在小事上多做决定将有助于建立你在大事上作决策的信心。要注意到你能够作出选择，并且事情是顺利进行的！

✓ 如果我们觉得因选择太多或责任太大而无法作出决定，那么我们可能会感到不知所措。在这种时候，写一份清单，画一张时间表或图画来描述正在发生的事情，列出利弊，或者向你信任的人寻求建议。对于问题，通常没有"正确答案"或解决方案，只有解决的决心。这意味着你所做的选择有利有弊，但这并没有关系，因为现实就是这样。学会容忍这些决定中的不足之处，并专心按照你的选择向前迈进，而不是停留在你没有选择的事情上。

✓ 如果你需要帮助，请确定要去哪里寻求帮助。这可以是人，例如你的家庭医生、学校中的老师或同学、你所在社区的成员、援助热线里的某位接线员、提供指导的网站或给予你支持的在线聊天平台。知道自己有可寻求帮助的选择，那么即使在困难时期，这也有助于减轻我们的压力。记住，我们总是有选择的，即使我们感觉自己没有。

进一步支持

表8.2强调自我对话并实施相应的活动，以帮助你发展更"最优主义"的思维。

✓ 改变你与自己交谈的方式将改变你的想法。

✓ 改变你的行为也有助于改变你的想法。

✓ 练习，练习，再练习，这些想法将成为条件反射。

✓ 随着时间的推移，它们会替代完美主义的想法。

表8.2　最优主义自我对话的想法

最优主义想法	有助于这一想法的自我对话	有助于这一想法的活动
我将旅程视为不规则的螺旋之路。	一路上可能会有颠簸。我可能不得不停下来反思并改变我的策略。一帆风顺地到达目的地是很困难的，这是一种不合理的期望。	停下来！想想你在做什么。它能让你到达你想去的地方吗？如果不能，你能做些什么不同的事情？不要盲目地耕耘；这是浪费时间和精力！在网上寻找做事的方式；可能有更快/更好/更聪明的方法。
我将失败视作一种反馈。	错误是帮助我们学习和成功的最佳方式。每个人都会犯错，不是每个错误都会带来灾难！我从"失败"中学到了什么？作为一个人，我不断成长。我的错误不能代表我的全部，我就是我。我是人，会犯错，也会成长。	犯了错误，那就犯吧！通过直面恐惧来挑战你最害怕的事情。然后想想这件事教会了你什么。这些经历会告诉你，你能够应对并从中学到一些东西。

最优主义想法	有助于这一想法的自我对话	有助于这一想法的活动
我专注于旅程和目的地。	生活主要是你在去往目的地的路上所做的事情。旅程有终点当然是好事，但旅程本身才是最重要的。在日常生活中的小事及与他人的互动中寻找乐趣。	尝试一些有趣的活动（游戏、运动、阅读、电影、绘画……）并注意当你"活在当下"时可以体验到多少乐趣和轻松感，而不是担心结果，担心你下一件要做的事情或你刚刚完成的事情。尝试与他人建立联系，而不要总是专注于任务。设定最后期限并定期反省以确保它们仍然切合实际并且可以实现。
我的想法是现实、复杂的。	两个极端之间有很多必要和有价值的点。可能没有"解决方案"，只有"解决决心"。我可以容忍"中间地带"。	觉察自己的想法并大声说出来。这想法听起来很极端、具有戏剧性吗？如果是这样，试着嘲笑它。找到"中间地带"，即妥协。想象一下你正在帮助一个孩子处理极端的想法——你会对他说些什么来让他不再烦躁？制订行动计划以阻止焦虑延续。
我是公正、平衡的。	我和其他人没有什么不同。我们都有同样的需求。我一点也不特别。我是一个人。当我需要东西时，我会注意到自己的需求。	问问自己，在这种情况下，你对朋友的期望是什么。你也值得这些期待。你练习得越多，这样的感觉就越真实。写下你的权利和需求。
我愿意接受建议。	我认识到反馈的价值。我可以从中进行学习和提高，并积极寻求和感谢那些建设性的、有目的的反馈。反馈是针对我做的事情而不是我这个人。	寻求反馈与寻求肯定和许可是不同的。向你信任的人询问一次（并且仅一次）有针对性的反馈。如果你不明白，请要求他们说得更具体些。你的目的是了解自己的长处和需求，而不是寻求对你个人的认可。认可无法来自他人。
凡事往积极的方面想。	往好的方面想，在雨中寻找彩虹。但也要现实点！没有人喜欢一个总是悲观或者乐观的人。尝试发现处境中好的一面。	每天睡觉前写下发生在你身上／他人为你做的三件积极的事情。制作一个"积极的罐子"，放入你每天记录的愉快和／或成功的事情。在每个月月底查看这些记录。

最优主义想法	有助于这一想法的自我对话	有助于这一想法的活动
我是宽容的。	我会为我的错误负责。我从失败中学习。我明白犯错和失败不可避免。我是人，不完美也没关系。	花一些时间与孩子或动物在一起。反省你是如何对待他们的。这也是你需要对待自己的方式——带着同情和温暖，而不是批评和判断。你有同样的基本需求，如果得不到满足，就会感到痛苦。觉察你的批判性想法并用更友善的想法替代它们。
我适应力强，且充满活力。	我设定了雄心勃勃的目标，但不受这些目标的束缚。我有明确的方向感，但我对不同的选择保持开放态度。我是有目标的，但对各种可能性保持开放态度。我会停下来反思我正在做的事情，如果需要，我会改变我的道路。	每天尝试做一些不同的事情，无论大小。即使做个不同的发型或午餐时坐在不同的地方也有助于"重塑"你的大脑。向自己证明你可以改变并且仍然可控。

祝你好运，旅途愉快！

注释

1. https://psychcentral.com/lib/the-importance-of-personal-boundaries.

附录 A ｜ 我的研究

我于2016年开始这项研究，是因为现有文献中关于完美主义的内容还不够清晰，以及缺乏关于青少年自己和他们生活中重要他人如何理解"完美主义"概念的定性信息。

我的解释性研究包括两个部分：第一部分探讨了英国4所优秀学校的32名学生、家长和教职员工对完美主义、成功和幸福的看法。

这部分研究的主要发现包括：

- 参与者认为完美主义与期望的结果有关，尤其是成就；完美主义与积极的行为有关，例如努力、尽责和整洁。只有两名参与者意识到完美主义与心理健康问题和自杀之间的联系。众人普遍感知到的完美主义的主要"风险"相对较小，例如，惹恼他人，错过休闲时间。

- 参与者认为犯错是一件坏事，在"现实世界"中犯错可能导致死亡或监禁等严重后果。犯错误的人被认为是失败者，是不成功或不快乐的人。

- 参与者发现，高完美主义倾向的人可能不快乐或没有健康的情绪。完美主义与消极的想法和感觉有关，例如偏执、折磨、恐惧和痛苦。

- 参与者认为他们绝对不希望自己/他们的孩子/他们的学生成为与"完美主义者"相反的一类人，即被认为是懒惰、不成功和具有破坏性的——他们是犯了很多错误的人。大多数参与者宁愿自己/孩子/

挑战完美主义：优化青少年成长的心理指导手册

学生在完美主义方面的程度更高而不是更低。

- 参与者将成就与幸福联系起来，但意识到这种关联不能支持他们现有的完美主义观点。完美主义、成功和情绪健康之间的关联存在冲突，对此，人们需要指导和澄清。

- 参与者认为高完美主义倾向的学生可以改变，但可能会对改变产生抵触。关于帮助某人变得"不那么完美主义"的方法的建议非常少。一些参与者认为，高完美主义倾向的人只有在发生非常巨大的事情时才能改变。对于个人是否难以改变，人们意见不一，因为对于完美主义是与生俱来还是通过经验和教养（包括社交媒体的影响）形成的，存在相互矛盾的观点（甚至来自同一参与者）。只有一位参与者认为高完美主义倾向的人可能很难看出问题的存在；但如果没有人指出，他们可能就难以寻求或接受帮助。大多数参与者认为高完美主义倾向的人不应该改变，除非完美主义对他们有明显的不利影响。

- 参与者大多认为"非完美主义者"是"天生如此"，但也认为相较于完美主义者变得不那么完美，非完美主义者更容易成为"更完美主义者"。一名家长建议应该努力改变的是"非完美主义者"，让他们成为"更完美主义者"。

因此，在知识和理解层面，参与者的不足主要在于没有认识到高完美主义倾向者：

- 有在需要时不寻求帮助的风险。
- 有心理健康问题甚至自杀的风险。
- 有成绩不佳或倦怠的风险，而不是持续地获得成功。
- 有被社会孤立的风险，可能需要支持以建立社会支持网络。
- 可能没有意识到自己的"完美主义"想法和行为。
- 可能会被忽视。

- 在压力管理和增加他们的自豪感方面可能需要特别的帮助。

学校和家庭也存在明显不足，他们没有充分意识到他们在保持无益的完美主义模式或挑战它们以将其改变成更健康的模式方面所发挥的强大作用。与此相关，参与者缺乏对以下事实的意识，即早期干预有助于预防完美主义；如果人们没有意识到这一点，或者没有认识到完美主义的迹象，那么这是完美主义干预中相当大的缺失环节。

研究的第二部分是与以下领域的健康和教育专业人员探讨上述发现：

- 艺术心理治疗师；
- 儿童和青少年精神科医生；
- 认知行为治疗师；
- 辩证行为治疗师/心理健康护士；
- 整合取向心理咨询师；
- 心理治疗首席专家/心理健康护士；
- 三位教育心理学家。

基于这些专业人士的观点，并结合现有的研究和心理学理论，我形成了本书分享的策略。

附录 B │ 世界各地的支持机构

请注意，这份清单并没有穷尽世界各地所有的支持机构，同时因为我的工作地点在英国，所以这里列出的英国的支持机构比世界其他地区的多一些。你所在的地区也可能有类似的支持机构。

地区	支持机构	网　站
澳大利亚	澳大利亚悲伤和丧亲辅导中心 走出忧郁 希望和丧亲关怀 澳大利亚心理健康中心 澳大利亚精神卫生协会 撒玛利亚会	www.grief.org.au www.beyondblue.org.au www.bereavement.org.au www.mhaustralia.org www.sane.org www.thesamaritans.org.au
加拿大	你的心理健康 健康连线 其他	www.yourhealthinmind.org www.healthlinkbc.ca www.canadianliving.com/health/mind-and-spirit/ article/where-to-find-mental-health-support-in-canada
爱尔兰	健康服务管理署 北爱尔兰卫生和社会保健系 　统哀伤辅导 爱尔兰心理健康中心 撒玛利亚会	www2.hse.ie/mental-health www.hscbereavementnetwork.hscni.net/bereavement- 　care/bereavement-support-organisations www.mentalhealthireland.ie www.samaritans.org
新西兰	记忆树 哀伤辅导中心 新西兰心理健康基金会 撒玛利亚会 精神疾病患者支持之家	www.amemorytree.co.nz www.griefcentre.org.nz www.mentalhealth.org.nz www.samaritans.org.nz www.supportingfamilies.org.nz

地区	支持机构	网　　站
英国	克鲁斯丧亲之痛护理 心理健康基金会 心理健康热线 英国心理健康中心 心理健康支持 心智 纸莎草青少年自杀预防中心 重新思考 撒玛利亚会 精神健康 苏莱德丧亲之痛支持中心 自杀后干预组织 是时候改变了 温斯顿的愿望	www.cruse.org.uk www.mentalhealth.org.uk www.nhs.uk/conditions/stress-anxiety-depression/ 　　mental-health-helplines www.mentalhealth-uk.org www.mentalhealthsupport.co.uk/organisations.html www.mind.org.uk www.papyrus-uk.org www.rethink.org www.samaritans.org www.sane.org.uk www.sueryder.org www.supportaftersuicide.org.uk www.time-to-change.org.uk www.winstonswish.org
美国	美国心理健康中心 美国撒玛利亚会 非常健康	www.mentalhealthamerica.net www.samaritansusa.org www.verywellhealth.com/grief-loss-bereavement- 　　support-groups-1132533

附录 C 使用艺术治疗

理论

- 艺术表达能够通过解决内在冲突来帮助治疗，通过自我表达和验证内在体验来提高自尊和自我意识，并有助于放松和缓解紧张情绪。

- 这种富有创造性和表现力的输出可以促进身心健康和情绪健康。

- 与大多数其他形式的治疗一样，它不依赖语言，因此可以有效地针对与情绪性痛苦有关的无意识过程，而这在其他"基于谈话"的疗法中是做不到的。

- 使用艺术治疗需要很少的材料，也不需要艺术背景。通常认为艺术水平越低，效果越好。

- 艺术治疗与最终成果无关，而更多地与治疗过程中发生的转变有关。

使用艺术治疗时该怎么做

- ✓ 允许采用任何形式表达（无论多么"令人不安"、令人困惑、复杂或简单）。将艺术视为情感安全、探索和实验的场所。

- ✓ 在现场；与青少年单独尝试这些活动相比，有值得信赖的成年人相伴，通常可以帮助他们通过艺术表达更多的东西。

✓ 保护青少年的作品安全（如果他们允许你这样做），以表明你重视他们的艺术（和相关的自我）表达。

使用艺术治疗时不该做什么

- 避免对艺术表达作出任何"价值判断"；不要关注它看起来有多好/整洁/漂亮，而着眼于青少年的努力和投入。
- 避免去解释艺术（例如，看起来你很生气/那个人看起来像……）。这些解释可能是威胁性的、剥夺权力的、抑制性的，而且完全是错误的！
- 避免以任何方式拒绝、嘲笑所制作的艺术作品或对其表示不屑一顾（例如，绝对不能将作品丢弃在垃圾箱中。青少年可以选择这样做，但绝不能让他们以为你会"扔掉"他们的作品）。

可尝试的活动示例

- 用绘制图画的方式记录你的一天或一天中的主要经历，以此作为艺术日记。
- 制作"自我安慰"图书或盒子，其中包含能激励自己的图像。
- 在纸上绘制重复图案，并用两到三种颜色进行涂色。
- 打印一幅名画并在其中添加你自己的想法。
- 在石头上画一个能让你感觉积极向上的图案，然后把它放在可以找到的某个地方。
- 使用从杂志/报纸/旧贺卡上剪下来的图片和文字创作拼贴画。
- 尝试"暗绘画"——不看着笔就画画，然后在完成后看看你创作的作品。

- 将织物碎片编织起来或系在一起，并将它们挂在树枝上，以代表感情、记忆或愿望。
- 使用钢笔或铅笔在纸上画一些弯弯曲曲的线条；填充空格，以制作不同的角色或场景。
- 制作你自己的捕梦网，并将其挂在你的床上。
- 拿一件旧衣服、毛绒玩具或破旧的家居用品，将其改造成新的东西。
- 通过将图像粘贴在一起来制作愿景板，以激励你实现目标。
- 为你所爱或钦佩的人建造一座神殿，在其中放入你选择的任何事物。
- 设计一张明信片——如果你愿意，可以将它寄出去。
- 在窗户上画画，这样从两侧都可以看到。
- 用你能找到的任何东西制作你自己的标记制作工具，并用它来制作图像。
- 使用颜料和你的身体创建图像——无需标记制作工具。
- 使用水彩颜料在纸上画出一个身体形状——根据你对身体不同部位的感觉来搭配颜色、形状和强度。
- 用你的非惯用手画一幅画。
- 使用水果、蔬菜或其他自然界中的物品制作一个临时雕塑。
- 制作面具以假装成别人，例如变得更强大、更大胆等。它可以像裁剪纸一样简单，也可以像纸浆一样精致。粘上装饰物，让它变得更立体。
- 用黏土或橡皮泥创造小角色来代表你最大的优势和恐惧。
- 建造一个休息室，让人在里面感觉很私密，很安全。
- 使用粗蜡笔或粉笔在外面的地板或墙壁上绘画。
- 选择一个吸引你的对象，并将其作为模板来创建图案。

（注意：此活动列表改编自 huffingtonpost.com。）

牛津中学 GDST[①]全校项目，挑战无益的完美主义

反思该项目的学校通讯文章（萨拉·斯夸尔博士，副校长——学生和教职员工 2013—2019）

> **再见，完美小姐！**
>
> 在六月的最后两周，牛津中学向完美小姐挥手告别！她的一些行为已变得非常无益。众所周知，她推迟开始一项工作是因为她对能够"完美"地完成工作没有信心。如果她的朋友取得了更高的分数并且花了很多时间写出优秀的笔记，她就会认为自己是"失败者"（如果她犯了一个错误，可能会使演示文稿不完美，她就会退出页面）。相反，牛津中学专注于提高成绩和幸福感，鼓励女孩不要被完美主义所束缚，因为我们的学生需要理解并重视在严格学习过程中欢迎错误的重要性。我们想要她们去体验复杂、陌生及"尚未体验过"的经历。正如一位 7 年级女生对"完美夫人"解释（用法语！）的那样："你很烦人，因为你没有什么可学的。"
>
> 我们很高兴罗兹·沙夫兰（Roz Shafran）教授在一年一度的艾

---

① GDST，即 Girl's Day School Trust，女子走读学校联盟，这是英国最大的私立学校联盟。——译者注

达·本森（Ada Benson）讲座上发表了题为"完美主义和自尊：同一枚硬币的两面？"的演讲。她解释了以下两者之间的区别，即女孩有高标准（显然是受到鼓励的）与女孩过度依赖努力和成就来获得自尊。她描述了追求完美实际上是如何导致回避和拖延，或为完成作品（如一件艺术品）而过度工作的。在极端情况下，如她在临床环境中接触过的一些患者，完美主义与焦虑、自残和进食障碍有关。对此，罗兹指出女孩们应扩大和加强她们的自我价值感，使其不仅仅基于成就，并且拥有富有同情心而不是自我批评的内心声音——让她们自由地成为最好的自己。

两周期间开展了各种活动，旨在培养女孩们形成更广阔的自我评价视角，并鼓励她们对完美主义进行反思。6年级主任在第一天召开了一个非常令人难忘（且有趣！）的集会，内容是关于她通过驾驶考试的尝试，以及从不完美的操作中学到的东西。7年级学生撰写了一周的"成就日志"，记录他们每天完成的一项非典型、可衡量的成就（比较有代表性的例子包括："快乐一整天""尝试做中国饺子""在没有被催的情况下整理自己的房间"和"给奶奶打电话"）。他们还在TLC课程[1]中思考了有益和无益的思维模式——10年级学生在关于"全或无"思维的活动中更详细地考虑了这一点。8年级学生参加了两次CBC（认知行为指导）课程，她们对完美主义、拖延和设定现实目标进行了反思。9年级学生除开展上述一些活动之外，还享受了无伴奏合唱演奏会——看到了所取得的快速进展以及尝试新事物带来的乐趣。12年级学生与牛津大学学生咨询中心负责人一起展开讨论，从中意识到一个人在学术界走得越远，就越不可能相信存在一个正确或完美的答案，因此发展自己的内部验证至关重要。学校还通过其他各种活动向"完美小姐"挥手告别：6年级学生在化学课上讨论了在实验中实现100%产量将花费的（浪费的）时间；青年企业团队聆听了一位励志演说家的演讲，演说家强调了敢于尝试的重要性；在

183

西班牙语课上，年轻女孩玩了一个游戏，从中她们了解到，虽然她们可能"还没有"拥有完美的词汇来传达信息，但准备好"试一试"仍然是一个总体上成功的结果！

完美主义和自尊是我们一直以来与女孩一起努力的主题，并且我们将继续这样做。然而，我们希望两周的主题活动有助于进一步加强女孩、家长和工作人员的认识。在发给所有学生的反馈问卷中，78%的女孩表示她们曾思考过完美主义或者与朋友、教师或家人讨论过这个主题，64%的女孩表示这些活动会影响她们未来的应对方式。当然，并非所有的反馈都是完美的……所以有学习的空间，万岁！

我与萨拉·斯夸尔博士讨论后的反思（2019年11月）

我很荣幸能够与牛津中学的前副校长就这个项目进行交谈。萨拉的观点是她自己的观点，代表了她在学校工作期间对"再见，完美小姐"项目的个人反思。以下是我们讨论要点的总结，并得到了创建该项目的校长朱迪思·卡莱尔（Judith Carlisle）的支持。

是什么促成了该项目？

关于该项目的背景和价值都已具备。作为两所成绩优异的精英女子学校的校长，朱迪思经验丰富，她敏锐地意识到完美主义对学生的健康成长和学业进步是多么无益。今年早些时候，我们有幸与埃里卡·麦克威廉（Erica McWilliam）和彼得·泰勒（Peter Taylor）教授合作，他们在指导教学和学习的原则方面进行了开创性的工作。我们与他们的合作使教职员工对在严格学习过程中欢迎错误的重要性达成了共识，致力于发展引入不确定性的课堂文化，并设计要求学生体验复杂、陌生和"尚未体验过"的活动。这种理念

挑战完美主义：优化青少年成长的心理指导手册

已融入我们学校的战略计划，不健康的完美主义当然对此不利！我们也学习了一些关于完美主义对幸福的影响的文献，明白完美主义是某些心理健康状况的"风险因素"。因此，实施项目的基础工作已经准备就绪。同时，在与家长交谈后，出现了启动该项目的偶然机会。一位家长自豪地对朱迪思说："我的女儿是个完美主义者。"朱迪思回答说："别担心，我们很快就会帮助她摆脱它的！"家长听后有点吃惊。朱迪思认识到完美主义者被广泛地视为"好女孩"，但我们已意识到完美主义对年轻人的潜在负面影响。当然，具有高标准是一件好事，但努力追求不切实际的高标准会导致拖延以及对自己所取得的成就永远感到不满意等状况。基于此，"再见，完美小姐"项目应运而生！

该项目最有帮助的部分是什么？

最有帮助的部分是确保整个学校社区都参与其中——所有部门、学校生活的所有方面、学生、家长和教职员工。该项目不是"附加组件"或新鲜玩意儿，而是我们所做的一切的一个组成部分。教职员工已经对我们与学生关注的原则（之前概述的）有了共同的理解，同时我们会利用课程、班课（form time）和课外时间。我们要求部门团队利用他们每周的一些会议时间来讨论他们将如何参与并反馈他们计划的活动情况。年级负责人和导师计划了以完美主义为主题的班课、PSHCE（个人、社会、健康和公民教育）和集会，并根据罗兹·沙夫兰的著作《克服完美主义》中描述的内容开展活动。所有这一切都在教师办公室里引发了很多创意和讨论！

在特殊活动方面，我特别喜欢A-Level化学课程中的一项。6年级的学生们进行了一次实践操作，他们计算了产品的产量，并讨论了在实验中试图获得100%的产量是徒劳的，因为当然，即使在"完美"的实验室条件下，你也永远无法实现这一目标，更不用说在学校实验室里了。他们制作了一张海报，展示了他们的产量计算过程，其中包括一张完美无瑕的女孩从实验室的基座上掉下来的图画，使这个例子更加生动。在语言课上，12年级的学生们面临着尽快用西班牙语交流困难信息的挑战，即使她们不知道所需的所有词汇或正确的时态。这个想法旨在将她们赶出"舒适区"，并奖励传达"足够好"信息的团队，这样她们就可以继续下一个任务，而不是试图让一切变得完美。

在班课方面，鼓励7年级学生写"成就日志"——记录她们引以为豪的事情，但这些事情与学业或容易衡量的结果无关。她们真的接受了这项任务，和她们一起阅读她们的作品真是太棒了！许多人提到了尝试新事物、建立积极的社会关系和在家中做家务的经历。学生们开始关注那些与追求别人必然知道的东西无关的成就；它们激发了内心的自豪感和满足感。我想，出于这个原因，这可能是我最喜欢的活动。

在课外活动方面，一个亮点是开放的无伴奏合唱演奏会，适合任何想参加的人。活动由一位老师领导，这位老师管理着一个杰出的无伴奏合唱团，其才华深受学生钦佩。参加这个开放演奏会的人挤满了房间！女孩们来参加是因为她们觉得这看起来很有趣，而不是因为她们是才华横溢的歌手，也不是因为她们坚持了一个学期，或者努力参加音乐会，或者通过歌唱考试。

项目中不太有用的部分是什么？

不可避免地，有些活动可能比其他活动更有帮助。然而，我认为我们所做的一切都是有价值的，因为需要向学生传达的重要信息之一是教师也在承担"风险"——我们仔细计划了事情并协调了我们认为有趣和有益的活动（毕竟，我们有非常高的标准），但我们也需要作出榜样，欢迎我们自己学习中的错误和不确定性。我相信教师和学生之间就"什么做得好"和"如果做得更好"进行的协作对话是该项目的一个有价值的组成部分。

很难评估什么是最有帮助的。很容易识别出最令人难忘的活动——也许是那些引发最多对话的活动，或者是那些随后展示的照片和海报——但我相信（并且有来自后续课程观察的证据）课堂内一些更微妙和持续的活动有相当大的影响。而且，当然，每个学生都是不同的，所以对一个人有用的东西可能对另一个人没有用。需要强调的是，尽管在重点活动期间完美主义在学校社区中特别引人注目，但在此之前和之后，挑战完美主义的工作仍在进行中。

让教师"参与"这个项目有多容易？

任何倡议都会有一些挑战——可以理解的是，教师是非常忙碌的人，有时会担心一项倡议可能需要大量额外的时间。我的想法是因为教师自己也有很高的标准，所以希望他们的活动真正有效。然而，教师已经很清楚学生中完美主义的表现（无法开始写一篇文章，不断纠正第一句话，在开放式作业上花费太长时间，或为了发布完美的Instagram而花费很多时间）。同时，我们已经与埃里卡·麦克威廉和彼得·泰勒教授一起进行了培训，教师对此表示"认同"，他们认识到错误在学习中的重要性。当我们决定特别关注完美主义主题时，这种背景为教师提供了真正的动力。随着项目的推进，我感到同事们对他们在课程和活动中诠释主题的方式感到非常自豪；他们还会在办公室里分享各种想法。罗兹·沙夫兰甚至要求我们提供一些为她的主题演讲所做的活动的例子，这提供了一种健康的竞争！

让家长"参与"这个项目有多容易？

很幸运，我们有一个非常支持和明智的家长团体。他们对这个项目很感兴趣，不过也有疑问。罗兹·沙夫兰同意为学校社区举办讲座，为我们所做的工作增添学术魅力，并提供专家对完美主义研究的概述。当然，并不是所有的家长都能参加讲座。与此同时，媒体的兴趣是惊人的！很快，这件事变得非常引人注目，完全出乎我们的意料（朱迪思·卡莱尔几乎立刻被邀请到第4电台的《今日》节目中发言！）。这带来了一些挑战。不可避免地，媒体对我们项目某些方面的报道有些不准确，我们需要与一些家长澄清——他们似乎有点担心我们可能会降低标准，或学生的考试成绩会下降！当然，媒体报道也有优势；让人感觉好像会有一场关于完美主义的全国性对话，而且朱迪思也被邀请就这个话题在国际上发表演讲。作为学校领导，我们也不太想要"舒适"的项目，而是希望引发兴趣、讨论和辩论。我们始终保持初心，即为学生创建合适的原则！

这项工作的持续影响是什么？

我认为可以公平地说，在学校进行的任何干预，其影响在学生的学年内可能并不明显。长期影响将远比任何短期影响重要，但难以确定。当我与家长就此进行对话时，他们认为我们真的需要在十年或二十年后询问学生！话虽如此，但尝试去评估影响也很重要。我从学生那里得到了一些关于影响的正式反馈（通过发送给所有学生的问卷）和更多的非正式反馈。

从问卷中，大约三分之二的学生报告说该项目对她们未来的处理方式产生了影响，超过四分之三的学生报告说她们曾与朋友和家人谈论过完美主义和我们学校的项目。我对后一个发现特别满意，因为我们都知道，在更广泛的社交环境中与他人谈论某事并被质疑，确实会促使你思考并继续围绕话题展开对话。

关于影响的更多非正式证据来自各个方面。例如，在观察 A-Level 经济学课程时，我目睹了一名学生志愿者在黑板上作答的经过。虽然她没能做完题，但她还是站在全班同学面前，说："这道题的最后一部分我还没有想出来，我把我能做的部分做完，然后大家能帮忙完成最后一部分吗？"由于项目的实施，"还没有"的语言似乎在我们学校中已变得更加牢固。关于影响的第二个非正式证据非常不同——它来自学校哑剧！传统上，每年由学生编写哑剧剧本，然后由教师表演。我们知道，如果把什么东西变成哑剧内容——即使是一些笑柄——那么信息就会嵌进去。我很高兴地发现，完美小姐在剧中出现了几次，并且涉及她的无益的倾向！

有什么建议可提供给其他想尝试这种方法的学校吗?

我的建议是,要搞清楚你为什么推行这样的项目,以及你所说的完美主义是什么意思(例如,你看到的是这个人对自己或他人的不切实际的高标准吗?)。完美主义真的是你的学生群体中的一个问题吗?学校社区是否有解决这个问题的动力?如果某人达到了高标准,而不会影响他们(或其他人)的幸福或表现,那么可能就没有问题!因此,我认为你必须非常清楚你想要解决什么问题,为什么要解决这个问题,以及你希望的结果是什么。一个短期项目不能孤立运作,因此请考虑如何让整个学校社区参与以实现最大影响。一个有效的项目需要整体协作,并且要成为学校生活方式不可或缺的一部分;当教师、学生和家长对于一些关键信息("它是否已足够好,可以让你继续做下一件事"或"我觉得这听起来有点'非黑即白'")有共同语言和快速理解时,效果就会非常惊人。不要忘记学生可以成为其他学生的绝佳支持,所以想想如何让他们相互参与活动和对话,而不仅仅是与周围的成年人一起参加。

有许多基于良好研究的关于完美主义的文献可以与感兴趣的学生、教师和家长有效共享,熟悉这些文献将使学校领导能够根据证据回答问题。我觉得将学术心理学中的优秀研究应用于"现实生活中的"社区(例如学校)是非常重要的,这样理论和实践层面都不会过于简单化,因此可以将一些学术研究成果进行分享。

最后,如果你的项目不完美,请不要担心!在"再见,完美小姐"活动的最后一天,我们学校暴发了诺如病毒。大量的学生和教职员工感到身体不适,以至于我们不得不关闭学校。所以这不是一个完美的结局!

注释

1. TLC是一门课程,帮助处于关键阶段3的女孩发展和探索不同的思维和学习技能与方法,并提供机会让她们在技术和计算方面更具创造力。TLC代表思维/技术、学习/链接、计算/通信。

附录 E 评估—计划—执行—回顾循环

评估

考虑你可能需要关注谁，注意可能的体征和症状。

对于青少年来说，什么是有效的，什么是无效的？

他们的主要优势和困难是什么？

潜在的需求可能是什么？他们对"问题"的了解程度如何？他们有改变的动力吗？

计划

你希望青少年朝什么方向发展——你想看到什么样的技能或行为？

你可以用什么方法来帮助他们实现目标？你将如何做到这一点？什么时候开始？多久进行一次？

你怎么知道方法是否有效？还有谁可以帮忙？

执行

试试"ABC"策略！

回顾

在实现目标方面取得了哪些进展？

事情是变得更好、更糟还是保持现状？

是否需要进行调整？这些调整如何操作？

我们从这个周期中学到的东西，是否可帮助我们支持其他任何青少年？

附录 F "如果担心该怎么办"：学校流程图

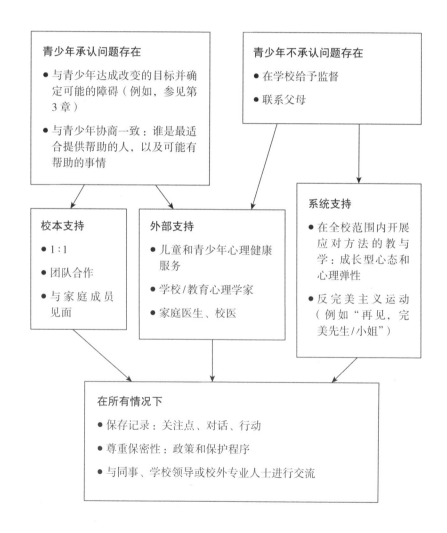

参考文献

Achtziger, A. and Bayer, U.C. (2013) 'Self-control mediates the link between perfectionism and stress.' *Motivation and Emotion 37*, 3, 413–423.

Adams, L.A. and Govender, K. (2008) '"Making a Perfect Man": Traditional masculine ideology and perfectionism among adolescent boys.' *South African Journal of Psychology 38*, 3, 551–562.

Adelson, J.L. and Wilson, H.E. (2009) *Letting Go of Perfect: Overcoming Perfectionism in Kids.* Waco, TX: Prufrock Press Inc.

Affrunti, N. and Woodruff-Borden, J. (2014) 'Perfectionism in pediatric anxiety and depressive disorders.' *Clinical Child and Family Psychology Review 17*, 3, 299–317.

Afshar, H., Roohafza, H., Sadeghi, M., Saadaty, A. *et al.* (2011) 'Positive and negative perfectionism and their relationship with anxiety and depression in Iranian school students.' *Journal of Research in Medical Sciences: The Official Journal of Isfahan University of Medical Sciences 16*, 1, 79–86.

Albano, A.M., Chorpita, B.F. and Barlow, D.H. (2003) 'Childhood anxiety disorders.' *Child Psychopathology 2*, 279–329.

American Academy of Pediatrics (2014) 'High-achievers and perfectionists.' Accessed on 28 November 2015 at www.healthychildren.org/English/ages-stages/young-adult/Pages/High-Achievers-and-Perfectionists.aspx.

Arpin-Cribbie, C.A., Irvine, J., Ritvo, P., Cribbie, R.A., Flett, G.L. and Hewitt, P.L. (2008) 'Perfectionism and psychological distress: A modeling approach to understanding their therapeutic relationship.' *Journal of Rational-Emotive and Cognitive-Behavioral Therapy 26*, 3, 151–167.

Arrazzini Stewart, M. and De George-Walker, L. (2014) 'Self-handicapping, perfectionism, locus of control and self-efficacy: A path model.' *Personality and Individual Differences 66*, 160–164.

Ashby, J.S., Kottman, T. and Martin, J.L. (2004) 'Play therapy with young perfectionists.' *International Journal of Play Therapy 13*, 1, 35–55.

Atkinson, L., Quarrington, B., Cyr, J.J. and Atkinson, F.V. (1989) 'Differential classification in school refusal.' *British Journal of Psychiatry 155*, 191–195.

Azevedo, M.H., Bos, S.C., Soares, M.J., Marques, M., Pereira, A.T., Maia, B. and Macedo, A. (2010) 'Longitudinal study on perfectionism and sleep disturbance.' *World Journal of Biological Psychiatry 11*, 2, 476–485.

BBC News (2015) 'Child mental health: Parents to get more say on care, says NHS.' Accessed on 20 February 2015 at www.bbc.co.uk/news/health-31529674.

Beevers, C.G. and Miller, I.W. (2004) 'Perfectionism, cognitive bias, and hopelessness as prospective predictors of suicidal ideation.' *Suicide and Life-Threatening Behavior 34*, 2, 126–137.

Bell, J., Stanley, N., Mallon, S. and Manthorpe, J. (2010) 'The role of perfectionism in student suicide: Three case studies from the UK.' *OMEGA: The Journal of Death and Dying 61*, 3, 251–267.

Bennathan, M., Boxall, M. and Colley, D. (1998) *The Boxall Profile for Young People: Assessment and Intervention at Secondary Stage.* London: The Nurture Group Network.

Ben-Shahar, T. (2009) *The Pursuit of Perfect.* Berkshire: McGraw-Hill.

Ben-Shahar, T. (2008) *Happier.* Berkshire: McGraw-Hill.

Besharat, M.A., Azizi, K. and Poursharifi, H. (2011) 'The relationship between parenting styles and children's perfectionism in a sample of Iranian families.' *Procedia Social and Behavioural Sciences 15*, 1276–1279.

Blankstein, K. and Lumley, C. (2015) 'Multidimensional perfectionism and ruminative brooding in current dysphoria, anxiety, worry and anger.' *Journal of Rational-Emotive and Cognitive-Behavior Therapy 26*, 1–26.

Bolton, J.M., Cox, B.J., Afifi, T.O., Enns, M.W., Bienvenu, O.J. and Sareen, J. (2008) 'Anxiety disorders and risk for suicide attempts: Findings from the Baltimore Epidemiologic Catchment Area follow-up study.' *Depression and Anxiety 25*, 477–489.

Boone, L., Claes, L. and Luyten, P. (2014) 'Too strict or too loose? Perfectionism and impulsivity: The relation with eating disorder symptoms using a person-centered approach.' *Eating Behaviors 15*, 1, 17–23.

Boone, L., Soenens, B., Mouratidis, A., Vansteenkiste, M, Verstuyf, J. and Braet, C. (2012) 'Daily fluctuations in perfectionism dimensions and their relation to eating disorder symptoms.' *Journal of Research in Personality 46*, 6, 678–687.

Booth, R. (2016) 'Tackling mental illness early: The people being taught to spot warning signs.' Accessed on 15 February 2016 at www.theguardian.com/society/2016/jan/25/warning-signs-early-intervention-mental-illness-symptoms-health.

Bould, H. (2016) 'Eating disorders are more common in some schools than others – but why?' Accessed on 29 April 2016 at www.theguardian.com/science/sifting-the-evidence/2016/apr/28/eating-disorders-are-more-common-in-some-schools-than-others-but-why?CMP=Share_iOSApp_Other.

British Psychological Society (2016) 'Psychological therapies staff in the NHS report alarming levels of depression and stress – their own.' [Press release.]

Buchanan, M. (2015) 'Children's mental health services "cut by £50m".' Accessed on 20 February 2015 at www.bbc.co.uk/news/education-30735370.

Buhlmann, U., Etcoff, N.L. and Wilhelm, S. (2008) Facial attractiveness ratings and perfectionism in body dysmorphic disorder and obsessive-compulsive disorder. *Journal of Anxiety Disorders, 22*(3), 540–547.

Burgess, K. (2015) 'Tragedy of the A-grade schoolboy.' Accessed on 20 February 2015 at www.thetimes.co.uk/tto/news/uk/article4358662.ece.

Burnam, A., Komarraju, M., Hamel, R. and Nadler, D.R. (2014) 'Do adaptive perfectionism and self-determined motivation reduce academic procrastination?' *Learning and Individual Differences 36*, 165–172.

Burns, E.F. (2008) *Nobody's Perfect: A Story for Children about Perfectionism.* APA: Magination.

Burns, J. (2015a) 'Children's mental health is parents' greatest concern.' Accessed on 20 February 2015 at www.bbc.co.uk/news/education-30701591.

Burns, J. (2015b) 'More pupils have mental health issues, say school staff.' Accessed on 12 December 2015 at www.bbc.co.uk/news/education-32075251.

Carter, T., Walker, G., Aubeeluck, A. and Manning, J. (2018) 'Assessment tools of immediate risk of self-harm and suicide in children and young people: A scoping review.' *Journal of Child Health Care 23*, 2, 178–199.

Casale, S., Fioravanti, G., Flett, G.L. and Hewitt, P.L. (2014) 'From socially prescribed perfectionism to problematic use of internet communicative services: The mediating roles of perceived social support and the fear of negative evaluation.' *Addictive Behaviors 39*, 12, 1816–1822.

Cattell, H. and Mead, A. (2008) 'The sixteen personality factor questionnaire (16PF).' *The SAGE Handbook of Personality Theory and Assessment 2*, 135–159.

Chan, D.W. (2012) 'Life satisfaction among highly achieving students in Hong Kong: Do gratitude and the "good-enough mindset" add to the contribution of perfectionism in prediction?' *Educational Psychology 32*, 5, 613–626.

Chan, D.W. (2009) 'Dimensionality and typology of perfectionism: The use of the Frost Multidimensional Perfectionism Scale with Chinese gifted students in Hong Kong.' *Gifted Child Quarterly 53*, 3, 174–187.

Chan, D.W. (2007) 'Perfectionism among Chinese gifted students in Hong Kong: Relationships to coping strategies and teacher ratings.' *Gifted Education International 23*, 3, 289–300.

Cheney, G., Schlosser, A., Nash, P. and Glover, L. (2014) 'Targeted group-based interventions in schools to promote emotional well-being: A systematic review.' *Clinical Child Psychology and Psychiatry 19*, 3, 412–438.

Cohn, P. (2013) 'Is Serena Williams a perfectionsist.' Sports Psychology for Tennis. Accessed on 10 January 2020 at www.sportspsychologytennis. com/is-serena-williams-a-perfectionist.

Collingwood, J. (2018) 'The Importance of Personal Boundaries.' Accessed on 1 April 2020 at https://psychcentral.com/lib/the-importance-of-personal-boundaries.

Comerchero, V. (2008) 'Gender, tenure status, teacher efficacy, perfectionism and teacher burnout.' Accessed on 12 December 2019 at https://pqdtopcn.proquest.com/doc/304651968.html?FMT=ABS.

Conners, C., Sitarenios, G., Parker, J. and Epstein, J. (1998) 'The Revised Conners' Parent Rating Scale (CPRS-R): Factor structure, reliability, and criterion validity.' *Journal of Abnormal Child Psychology 26*, 4, 257–268.

Cooke, J. (2014) 'Mental health services cuts "affecting children".' Accessed on 20 February 2015 at www.bbc.co.uk/news/health-27942416.

Coren, S.A. and Luthar, S.S. (2014) 'Pursuing perfection: Distress and interpersonal functioning among adolescent boys in single-sex and co-educational independent schools.' *Psychology in the Schools 51*, 9, 931–946.

Corry, J., Green, M.J., Roberts, G., Frankland, A. *et al.* (2013) 'Anxiety, stress and perfectionism in bipolar disorder.' *Journal of Affective Disorders 151*, 1016–1024.

Coughlin, J.W. and Kalodner, C. (2006) 'Media literacy as a prevention intervention for college women at low- or high-risk for eating disorders.' *Body Image: An International Journal of Research 3*, 35–43.

Crowne, D.P. and Marlowe, D. (1960) 'A new scale of social desirability independent of psychopathology.' *Journal of Consulting Psychology 24*, 349–354.

Dahl, M. (2014) 'The alarming new research on perfectionism.' Accessed on 4 March 2015 at www.nymag.com/scienceofus/2014/09/alarming-new-research-on-perfectionism.html.

Daigneault, S.D. (1999) 'Narrative means to Adlerian ends: An illustrated comparison of narrative therapy and Adlerian play therapy.' *Journal of Individual Psychology 55*, 298–315.

Damian, L.E., Stoeber, J., Negru, O. and Baban, A. (2014) 'Perfectionism and achievement goal orientations in adolescent school students.' *Psychology in the Schools 51*, 9, 960–971.

Davies, W. (2013) 'Davies's structured interview for assessing adolescents in crisis.' Accessed on 3 November 2019 at www.nice.org.uk/sharedlearning/davies-s-structured-interview-for-assessing-adolescents-in-crisis.

Deci, E. and Ryan, R. (2002) *Handbook of Self-Determination Research.* Rochester, NY: University of Rochester Press.

DeSocio, J. and Hootman, J. (2004) 'Children's mental health and school success.' *Journal of School Nursing 20*, 4, 189–196.

DfE (2014) SEND Code of Practice: 0–25 years. Accessed on 11 March 2015 at www.gov.uk/government/publications/send-code-of-practice-0-to-25.

DiBartolo, P.M., Frost, R.O., Chang, P., LaSota, M. and Grills, A.E. (2004) 'Shedding light on the relationship between personal standards and psychopathology: The case for conditional self-worth.' *Journal of Rational-Emotive and Cognitive-Behaviour Therapy, 22,* 241–254.

DiBartolo, P.M., Yen, L.C. and Frost, R. (2008) 'How do the dimensions of perfectionism relate to mental health?' *Cognitive Therapy and Research 32,* 401–417.

DiPrima, A.J., Ashby, J.S., Gnilka, P.B. and Noble, C.L. (2011) 'Family relationships and perfectionism in middle-school students.' *Psychology in the Schools 48,* 8, 815–827.

Donaldson, D., Spirito, A. and Farnett, E. (2000) 'The role of perfectionism and depressive cognitions in understanding the hopelessness experienced by adolescent suicide attempters.' *Child Psychiatry and Human Development 31,* 99–111.

Dour, H.J. and Theran, S.A. (2011) 'The interaction between the superhero ideal and maladaptive perfectionism as predictors of unhealthy eating attitudes and body esteem.' *Body Image 8,* 93–96.

Dweck, C.S. (2006) *Mindset: The New Psychology of Success.* New York: Random House.

Egan, S.J., van Noort, E., Chee, A., Kane, R.T., Hoiles, K.J., Shafran, R. and Wade, T.D. (2014) 'A randomised controlled trial of face to face versus pure online self-help cognitive behavioural treatment for perfectionism.' *Behaviour Research and Therapy 63,* 107–113.

Egan, S.J., Wade, T.D. and Shafran, R. (2011) 'Perfectionism as a transdiagnostic process: A clinical review.' *Clinical Psychology Review 31,* 203–212.

Emotion Coaching UK (2019) 'What is Emotional Coaching?' Accessed on 1 April 2020 at https://www.emotioncoachinguk.com/what-is-emotion-coaching.

Enns, M.W., Cox, B.J. and Clara, I. (2002) 'Adaptive and maladaptive perfectionism: Developmental origins and association with depression proneness.' *Personality and Individual Differences 33,* 921–935.

Essau, C.A., Leung, P.W., Conradt, J., Cheng, H. and Wong, T. (2008) 'Anxiety symptoms in Chinese and German adolescents: Their relationship with early learning experiences, perfectionism, and learning motivation.' *Depression and Anxiety 25,* 801–810.

Fletcher, K., Yang, Y., Johnson, S.L., Berk, M. *et al.* (2019) 'Buffering against maladaptive perfectionism in bipolar disorder: The role of self-compassion.' *Journal of Affective Disorders 250,* 132–139.

Flett, G. (2014) 'Perfectionism as a risk factor in suicide.' Accessed on 5 February 2015 at www.bps.org.uk/news/perfectionism-risk-factor-suicide.

Flett, G.L., Coulter, L.-M. and Hewitt, P.L. (2012) 'The Perfectionistic Self-Presentation Scale-Junior Form psychometric properties and association with social anxiety in early adolescents.' *Canadian Journal of School Psychology* 27, 2, 136–149.

Flett, G.L., Druckman, T., Hewitt, P.L. and Wekerle, C. (2012) 'Perfectionism, coping, social support, and depression in maltreated adolescents.' *Journal of Rational-Emotive and Cognitive-Behaviour Therapy* 30, 2, 118–131.

Flett, G.L. and Hewitt, P.L. (2014) 'A proposed framework for preventing perfectionism and promoting resilience and mental health among vulnerable children and adolescent.' *Psychology in the Schools* 51, 9, 899–912.

Flett, G.L. and Hewitt, P.L. (2012) 'Perfectionism and cognitive factors in distress and dysfunction in children and adolescents: Introduction to the special issue.' *Journal of Rational-Emotive and Cognitive-Behavior Therapy* 30, 2, 53–61.

Flett, G.L. and Hewitt, P.L. (2008) 'Treatment interventions for perfectionism – a cognitive perspective: Introduction to the Special Issue.' *Journal of Rational-Emotive and Cognitive-Behavior Therapy* 26, 3, 127–133.

Flett, G.L., Hewitt, P.L., Besser, A., Su, C. *et al.* (2016) 'The Child–Adolescent Perfectionism Scale: Development, psychometric properties, and associations with stress, distress, and psychiatric symptoms.' *Journal of Psychoeducational Assessment* 34, 7, 634–652.

Flett, G.L., Hewitt, P.L. and Cheng, W.M.W. (2008) 'Perfectionism, distress, and irrational beliefs in high school students: Analyses with an abbreviated Survey of Personal Beliefs for adolescents.' *Journal of Rational-Emotive and Cognitive-Behavior Therapy* 26, 3, 194–205.

Folksy, T. (2014) 'Heartbreaking: Teen worried about exam results left chilling note for parents before committing suicide.' Accessed on 20 February 2015 at www.passnownow.com/heartbroken-teen-worried-about-exam-results-left-chilling-note-for-parents-before-committing-suicide.

Franko, D.L., Striegel-Moore, R.H., Barton, B.A., Schumann, B.C., Garner, D.M., Daniels, S.R. and Crawford, P.B. (2004) 'Measuring eating concerns in Black and White adolescent girls.' *International Journal of Eating Disorders* 35, 2, 179–189.

Freud, A. (1937) *The Ego and the Mechanisms of Defence.* London: Hogarth Press and Institute of Psycho-Analysis.

Friedman, R.A. (2006) 'Uncovering an epidemic – screening for mental illness in teens.' *New England Journal of Medicine* 355, 2717–2719.

Frontier Performance (2019) 'Cristiano Ronaldo's lesson on perfectionism (and how you can use it to excel at sales).' Accessed on 3 November 2019 at www.frontierp.com/au/cristiano-ronaldos-lesson-perfectionism-can-use-excel-sales.

Frost, R.O., Marten, P., Lahart, C. and Rosenblate, R. (1990) 'The dimensions of perfectionism.' *Cognitive Therapy and Research 14*, 449–468.

Fung, C.H.M. (2009) 'Asperger's and musical creativity: The case of Erik Satie.' *Personality and Individual Differences 46*, 8, 775–783.

Fusun, Y. and Cemrenur, T. (2014) 'The study of teacher candidates' perfectionism in relation with achievement and demographics.' *Procedia – Social and Behavioral Sciences 152*, 121–126.

Gaultiere, B. (2000/2012) 'Self-Assessment Perfectionism Screening Test.' Accessed on 5 November 2019 at https://medicine.llu.edu/sites/medicine.llu.edu/files/docs/self-assessment-perfectionism-test.pdf.

Gilbert, P. (2002) 'Understanding the biopsychosocial approach II: Individual and social interventions.' *Clinical Psychology 15*, 28–32.

Gilman, R., Adams, R. and Nounopoulos, A. (2011) 'The interpersonal relationships and social perceptions of adolescent perfectionists.' *Journal of Research on Adolescence 21*, 2, 505–511.

Gnilka, P.B., Ashby, J. and Noble, C.M. (2012) 'Multidimensional perfectionism and anxiety: Differences among individuals with perfectionism and tests of a coping-mediation model.' *Journal of Counseling and Development 90*, 4, 437–436.

Greenaway, R. and Howlin, P. (2010) 'Dysfunctional attitudes and perfectionism and their relationship to anxious and depressive symptoms in boys with Autism Spectrum Disorders.' *Journal of Autism and Developmental Disorders 40*, 10, 1179–1187.

Greenspon, T.S. (2014) 'Is there an antidote to perfectionism?' *Psychology in the Schools 51*, 9, 986–998.

Greenspon, T.S. (2000) '"Healthy perfectionism" is an oxymoron! Reflections on the psychology of perfectionism and the sociology of science.' *The Journal of Secondary Gifted Education 11*, 4, 197–208, 222–223.

Greig, A. and MacKay, T. (2013) *The Homunculi Approach to Social and Emotional Wellbeing: A Flexible CBT Programme for Young People on the Autism Spectrum or with Emotional and Behavioural Difficulties.* London: Jessica Kingsley Publishers.

Guardian, The (2015) 'Trump under fire: Will "perfectionist" fold at debate without polling lead?' Accessed on 5 November 2019 at www.theguardian.com/us-news/2015/oct/28/donald-trump-republican-debate-polling.

Guardian, The (2014) 'Secret teacher: We're part of the reason students are suffering from more stress.' Accessed on 4 December 2015 at www.theguardian.com/teacher-network/teacher-blog/2014/feb/22/secret-teacher-student-stress-suffering.

Guerra, N.G. and Bradshaw, C.P. (2008) 'Linking the prevention of problem behaviours and positive youth development: Core competencies for positive youth development and risk prevention.' *New Directions for Child and Adolescent Development 122*, 1–17.

Hamachek, D.E. (1978) 'Psychodynamics of normal and neurotic perfectionism.' *Psychology 15*, 27–33.

Haring, M., Hewitt, P.L. and Flett, G.L. (2003) 'Perfectionism, coping, and quality of intimate relationships.' *Journal of Marriage and Family 65*, 1, 143–158.

Harper, D. (2016) 'Beyond individual therapy.' Accessed on 5 November 2019 at www.thepsychologist.bps.org.uk/volume-29/june/beyond-individual-therapy.

Hartley-Brewer, E. (2015) 'Pressure is making young people insecure.' Accessed on 20 February 2015 at www.thetimes.co.uk/tto/health/news/article4358665.ece.

Hasse, A.M., Prapavessis, H. and Owens, R.G. (2002) 'Perfectionism, social physique anxiety and disordered eating: A comparison of male and female elite athletes.' *Psychology of Sport and Exercise 3*, 3, 209–222.

Hewitt, P.L., Blasberg, J.S., Flett, G.L., Besser, A., Sherry, S.B., Caelian, C. and Birch, S. (2011) 'Perfectionistic self-presentation in children and adolescents: Development and validation of the Perfectionistic Self-Presentation Scale – Junior Form.' *Psychological Assessment 23*, 1, 125–142.

Hewitt, P.L., Caelian, C.F., Flett, G.L., Sherry, S.B., Collins, L. and Flynn, C.A. (2002) 'Perfectionism in children: Associations with depression, anxiety, and anger.' *Personality and Individual Differences 32*, 1049–1061.

Hewitt, P.L. and Flett, G.L. (2004) *Multidimensional Perfectionism Scale (MPS): Technical Manual.* Toronto, Canada: Mutli-Health Systems.

Hewitt, P.L. and Flett, G.L. (1991) 'Perfectionism in the self and social contexts: Conceptualization, assessment and association with psychopathology.' *Journal of Personality and Social Psychology 60*, 3, 456–470.

Hollender, M.H. (1978) 'Perfectionism: A neglected personality trait.' *Journal of Clinical Psychology 39*, 384.

Hopkins, E. (2018) 'D12's Kuniva explains how perfectionist Eminem would take people off songs.' Accessed on 5 November 2019 at www.edmhoney.com/d12s-kuniva-explains-how-perfectionist-eminem-would-take-people-off-songs.

Independent, The (2009) 'Eminem: The fall and rise of a superstar.' Accessed on 5 November 2019 at www.independent.co.uk/arts-entertainment/music/features/eminem-the-fall-and-rise-of-a-superstar-1544787.html.

Jackson, M. (2004) 'Exam stress can lead to suicide.' Accessed on 20 February 2015 at www.news.bbc.co.uk/1/hi/health/3758359.stm

Jaradat, A.-K.M. (2013) 'Multidimensional perfectionism in a sample of Jordanian high school students.' *Australian Journal of Guidance and Counselling 23*, 1, 95–105.

Jowett, G.E., Hill, A.P., Hall, H.K. and Curran, T. (2016) 'Perfectionism, burnout and engagement in youth sport: The mediating role of basic psychological needs.' *Psychology of Sport and Exercise 24*, 18–26.

Kearns, H., Forbes, A. and Gardiner, M. (2007) 'A cognitive behavioural coaching intervention for the treatment of perfectionism and self-handicapping in a non-clinical population.' *Behaviour Change 24*, 3, 157–172.

Klibert, J., Lamis, D.A., Collins, W., Smalley, K.B., Warren, J.C., Yancey, C.T. and Winterowd, C. (2014) 'Resilience mediates the relations between perfectionism and college student distress.' *Journal of Counseling and Development 92*, 1, 75–82.

Koval, J. (1978) *A Complete Guide to Therapy*. London: Penguin Group.

Kowal, A. and Pritchard, D. (1990) 'Psychological characteristics of children who suffer from headache: A research note.' *Journal of Child Psychology and Psychiatry 31*, 637–649.

Kunin, J. (2017) 'Focus on achievement is destroying education: Opinion.' Accessed on 5 November 2019 at www.thestar.com/opinion/commentary/2017/06/26/focus-on-achievement-is-destroying-education-opinion.html.

Kutcher, S. and Chehil, S. (2007) 'Tool for Assessment of Suicide Risk (TASR).' Accessed on 5 November 2019 at www.onlinelibrary.wiley.com/doi/pdf/10.1002/9780470750933.app2.

Kutlesa, N. and Arthur N. (2008) 'Overcoming negative aspects of perfectionism through group treatment.' *Journal of Rational-Emotive and Cognitive-Behavior Therapy 26*, 3, 134–150.

Låftman, S.B., Almquist, Y.B. and Östberg, V. (2013) 'Students' accounts of school-performance stress: A qualitative analysis of a high-achieving setting in Stockholm, Sweden.' *Journal of Youth Studies 16*, 7, 932–949.

Lee, M., Roberts-Collins, C., Coughtrey, A., Philips, L. and Shafran, R. (2011) 'Behavioural expressions, imagery and perfectionism.' *Behavioural and Cognitive Psychotherapy 39*, 4, 413–425.

Leung, F., Wang, J. and Tang, C.W. (2004) 'Psychometric properties and normative data of the Eating Disorder Inventory among 12 to 18 year old Chinese girls in Hong Kong.' *Journal of Psychosomatic Research 57*, 1, 59–66.

Lindberg, F.H. and Distad, L.J. (1985) 'Survival responses to incest: Adolescents in crisis.' *Child Abuse and Neglect 9*, 521–526.

Lippman, B.L. (2012) 'Problematizing perfectionism: A closer look at the perfectionism construct.' Accessed on 19 February 2016 at https://wp.nyu.edu/steinhardt-appsych_opus/problematizing-perfectionism-a-closer-look-at-the-perfectionism-construct.

Lloyd, S., Schmidt, U., Khondoker, M. and Tchanturia, K. (2015) 'Can psychological interventions reduce perfectionism? A systematic review and meta-analysis.' *Behavioural and Cognitive Psychotherapy 43*, 6, 705–731.

Longbottom, J. (2016) 'Suicide rates for young Australians highest in 10 years, researchers call for new prevention strategies.' Accessed on 5 November 2019 at www.abc.net.au/news/2016-11-30/system-for-suicide-prevention-rates-highest-10-years/8076780.

Lundh, L. (2004) 'Perfectionism and acceptance.' *Journal of Rational-Emotive and Cognitive-Behavior Therapy 22*, 4, 255–269.

Lyman, E.L. and Luthar, S.S. (2014) 'Further evidence on the "costs of privilege": Perfectionism in high-achieving youth at socioeconomic extremes.' *Psychology in the Schools 51*, 9, 913–930.

Mackinnon, S.P., Sherry, S.B. and Pratt, M.W. (2013) 'The relationship between perfectionism, agency, and communion: A longitudinal mixed methods analysis.' *Journal of Research in Personality 47*, 263–271.

Mahnken, K. (2017) 'The hidden mental health crisis in America's schools: Millions of kids not receiving services they need.' Accessed on 5 November 2019 at www.the74million.org/the-hidden-mental-health-crisis-in-americas-schools-millions-of-kids-not-receiving-services-they-need.

Mallinson, S.H., Hill, A.P., Hall, H.K. and Gotwals, J.K. (2014) 'The 2x2 model of perfectionism and school- and community-based sport participation.' *Psychology in the Schools 51*, 9, 972–985.

Manning, M. (2017) 'Mental health in schools.' Accessed on 5 November 2019 at www.amhp.org.au/2017/mental-health-in-schools.

March, J.S., Parker, J.D., Sullivan, K., Stallings, P. and Conners, C.K. (1997) 'The Multidimensional Anxiety Scale for Children (MASC): Factor structure, reliability, and validity.' *Journal of the American Academy of Child and Adolescent Psychiatry 36*, 597–614.

Maslow, A. (1970) *Motivation and Personality* (2nd ed.). New York: Harper and Row.

McConnell, G. (2016) 'The highest rate of teen suicide in the developed world.' Accessed on 5 November 2019 at www.stuff.co.nz/national/health/85305366/the-highest-rate-of-teen-suicide-in-the-developed-world.

McVey, G.L., Davis, R., Tweed, S. and Shaw, B.F. (2004) 'Evaluation of a school-based program designed to improve body image satisfaction, global self-esteem, and eating attitudes and behaviors: A replication study.' *International Journal of Eating Disorders 36*, 1, 1–11.

McWhinnie, C.M., Abela, J.R., Knauper, B. and Zhang, C. (2009) 'Development and validation of the revised Children's Dysfunctional Attitudes Scale.' *British Journal of Clinical Psychology 48*, 3, 287–308.

Meradji, P. (2018) 'Bringing mental health to the forefront of education.' Accessed on 16 October 2019 at www.psychcentral.com/blog/bringing-mental-health-to-the-forefront-of-education.

Miron, O., Yu, K.H., Wilf-Miron, R. and Kohane, I.S. (2019) 'Suicide rates among adolescents and young adults in the United States, 2000–2017.' Accessed on 5 November 2019 at www.jamanetwork.com/journals/jama/article-abstract/2735809.

Mofield, E.L. and Chakraborti-Ghosh, S. (2010) 'Addressing multidimensional perfectionism in gifted adolescents with affective curriculum.' *Journal for the Education of the Gifted 33*, 4, 479–513.

Mohdin, A. (2018) 'Suicide rate rises among young people in England and Wales.' Accessed on 5 November 2019 at www.theguardian.com/society/2018/sep/04/suicide-rate-rises-among-young-people-in-england-and-wales.

Moon, T.R. (2006) 'Teaching to the test and gifted learners.' Accessed on 1 April 2020 at https://blogs.tip.duke.edu/giftedtoday/2006/05/29/teaching-to-the-test-and-gifted-learners.

Morris, L. and Lomax, C. (2014) 'Review: Assessment, development and treatment of childhood perfectionism: a systematic review.' *Child and Adolescent Mental Health 19*, 4, 225–234.

Natcharian, L. (2010) 'Real learning: Meet the perfectionists.' Accessed on 30 November 2015 at www.blog.masslive.com/real_learning/2010/07/meet_the_perfectionists.html.

Nauert, R. (2014) 'Perfectionism linked to suicide.' Accessed on 5 February 2015 at www.psychcentral.com/news/2014/09/26/perfectionism-linked-to-suicide/75399.html.

Neumeister, K.L.S. (2004) 'Understanding the relationship between perfectionism and achievement motivation in gifted college students.' *Gifted Child Quarterly 48*, 219–231.

Neumeister, K.L.S. (2003) 'Perfectionism in gifted college students: Family influences and implications for achievement.' *Roeper Review 26*, 1, 53.

Neumeister, K.L.S. and Finch, H. (2006) 'Perfectionism in high-ability students: Relational precursors and influences on achievement motivation.' *Gifted Child Quarterly 50*, 3, 238–251.

Nolan, J. (2014) 'Perfectionism is a mental illness and it's ruining my life.' Accessed on 25 November 2015 at www.vice.com/en_uk/read/how-perfectionism-destroyed-my-life.

Nounopoulos, A., Ashby, J.S. and Gilman, R. (2006) 'Coping resources, perfectionism, and academic performance among adolescents.' *Psychology in the Schools 43*, 5, 613–622.

Nugent, S. (2000) 'Perfectionism: Its manifestations and classroom-based interventions.' *Journal of Advanced Academics 11*, 4, 215–221.

Obholzer, A. and Roberts, V.Z. (1994) *The Unconscious at Work: Individual and Organizational Stress in the Human Services.* East Sussex: Routledge.

O'Connor, R.C., Rasmussen, S. and Hawton, K. (2010) 'Predicting depression, anxiety and self-harm in adolescents: The role of perfectionism and acute life stress.' *Behaviour Research and Therapy 48*, 1, 52–59.

Öngen, D.E. (2009) 'The relationships between perfectionism and aggression among adolescents.' *Procedia Social and Behavioral Sciences 1*, 1073–1077.

Onwuegbuzie, A.J. and Daley, C. (1999) 'Perfectionism and statistics anxiety.' *Personality and Individual Differences 26*, 1089–1102.

Owen, J. (2013) 'A third of children in Britain have had suicidal thoughts.' Accessed on 5 February 2015 at www.independent.co.uk/life-style/health-and-families/health-news/a-third-of-children-in-britain-have-had-suicidal-thoughts-8688940.html.

Padash, Z., Moradi, A. and Saadat, E. (2014) 'The effectiveness of psychotherapy training based on Frisch's theory on perfectionism.' *Interdisciplinary Journal of Contemporary Research in Business 5*, 10, 142–153.

Park, J., Storch, E., Pinto, A. and Lewin, A. (2015) 'Obsessive-compulsive personality traits in youth with obsessive-compulsive disorder.' *Child Psychiatry and Human Development, 47,* 22, 1–10.

Pembroke, N. (2012) 'Pastoral care for shame-based perfectionism.' *Pastoral Psychology 61*, 2, 245–258.

Pett, M. (2012) *The Girl Who Never Made Mistakes.* Naperville, IL: Sourcebooks.

Pleva, J. and Wade, T.D. (2007) 'Guided self-help versus pure self-help for perfectionism: A randomized controlled trial.' *Behaviour Research and Therapy 45*, 5, 849–861.

Precey, M. (2015) 'Teacher stress levels in England "soaring", data shows.' Accessed on 19 March 2015 at www.bbc.co.uk/news/education-31921457.

Prochaska, J. and DiClemente, C.C. (1983) *The Transtheoretical Approach: Towards a Systematic Eclectic Framework.* Homewood, IL: Dow Jones Irwin.

Psychcentral (2014) 'Kanye West: The only perfectionist.' Accessed on 5 November 2019 at www.blogs.psychcentral.com/celebrity/2014/07/kanye-west-the-only-perfectionist.

Ratcliffe, R. (2014) 'The verdict on Ofsted: "requires improvement"?' Accessed on 5 September 2015 at www.theguardian.com/education/2014/oct/28/-sp-verdict-ofsted-requires-improvement.

Rice, K.G., Ashby, J.S. and Gilman, R. (2011) 'Classifying adolescent perfectionists.' *Psychological Assessment 23*, 3, 563.

Rice, K.G., Leever, B.A., Noggle, C.A. and Lapsley, D.K. (2007) 'Perfectionism and depressive symptoms in early adolescence.' *Psychology in the Schools 44*, 2, 139–156.

Rice, K.G., Neimeyer, G.J. and Taylor, J.M. (2011) 'Efficacy of Coherence Therapy in the treatment of procrastination and perfectionism.' *Counseling Outcome Research and Evaluation 2*, 2, 126–136.

Rice, K.G. and Preusser, K.J. (2002) 'The adaptive/maladaptive perfectionism scale.' *Measurement and Evaluation in Counseling and Development 34*, 210–222.

Rimm, S. (2007) 'What's wrong with perfect? Clinical perspectives on perfectionism and underachievement.' *Gifted Education International 23*, 3, 246–253.

Rivière, J. and Douilliez, C. (2017) 'Perfectionism, rumination, and gender are related to symptoms of eating disorders: A moderated mediation model.' *Personality and Individual Differences 116*, 63–68.

Roedell, W.C. (1984) 'Vulnerabilities of highly gifted children.' *Roeper Review 6*, 3, 127–130.

Rotter, J. (1954) *Social Learning and Clinical Psychology.* Upper Saddle River, NJ: Prentice-Hall.

Roxborough, H.M., Hewitt, P.L., Kaldas, J., Flett, G.L., Caelian, C.M., Sherry, S. and Sherry, D.L. (2012) 'Perfectionistic self-presentation, social prescribed perfectionism, and suicide in youth: A test of the Perfectionism Social Discrimination Model.' *Suicide and Life-Threatening Behavior 42*, 217–233.

Royal College of Paediatrics and Child Health (2015). In D. Whitworth (ed.), 'Schools 'struggling to cope' with students self-harming.' Accessed on 20 February 2015 at www.bbc.co.uk/newsbeat/30695657.

Salzberger-Wittenberg, G., Williams, E. and Osborne, E. (1999) *Emotional Experience of Learning and Teaching.* London: Routledge, Taylor and Francis Group.

Samaritans (2015) 'Rise in suicides show the need to work together to tackle inequalities.' Accessed on 20 February 2015 at www.samaritans.org/news/rise-suicides-shows-need-work-together-tackle-inequalities.

Saviz, M. and Naeini, A.Z. (2014) 'The examination of the relationship between perfectionism and academic burnout as well as academic achievement of college students.' *Interdisciplinary Journal of Contemporary Research in Business 6*, 1, 148–164.

Schwartz, J.P., Grammas, D.L., Sutherland, R.J., Siffert, J. and Bush-King-I. (2010) 'Masculine gender roles and differentiation: Predictors of body image and self-objectification in men.' *Psychology of Men and Masculinity 11*, 3, 208–224.

Shafran, R., Cooper, Z. and Fairburn, C.G. (2002) 'Clinical perfectionism: A cognitive-behavioural analysis.' *Behaviour Research and Therapy 40*, 773–791.

Shafran, R., Egan, S. and Wade, T. (2010) Overcoming Perfectionism: A Self-Help Guide Using Cognitive-Behavioural Techniques. London: Robinson.

挑战完美主义：优化青少年成长的心理指导手册

Shafran, R. and Mansell, W. (2001) 'Perfectionism and psychopathology: A review of research and treatment.' *Clinical Psychology Review 21*, 879–906.

Shaunessy, E. (2011) 'Mean levels and correlates of perfectionism in International Baccalaureate and general education students.' *High Ability Studies 22*, 1, 61–77.

Shih, S.S. (2012) 'An examination of academic burnout versus work engagement among Taiwanese adolescents.' *Journal of Educational Research 105*, 286–298.

Siegel, D. (2020) 'The Healthy Mind Platter.' Accessed on 1 April 2020 at https://www.drdansiegel.com/resources/healthy_mind_platter.

Siegle, D. and Schuler, P.A. (2000) 'Perfectionism differences in gifted middle school students.' *Roeper Review 23*, 1, 39–44.

Smith, M.M., Sherry, S.B., Chen, S., Saklofske, D.H., Mushquash, C., Flett, G.L. and Hewitt, P.L. (2017) 'The perniciousness of perfectionism: A meta-analytic review of the perfectionism–suicide relationship.' *Journal of Personality 86*, 3, 522–542.

Snaith, L. (2015) 'Blog: Early intervention and continued momentum.' Accessed on 20 February 2015 at www.rcpch.ac.uk/news/blog-early-intervention-and-continued-momentum.

Sorotzkin, B. (1998) 'Understanding and treating perfectionism in religious adolescents.' *Psychotherapy: Theory, Research, Practice, Training 35*, 87–95.

Sporting News (2014) '"Perfectionist" Williams her harshest critic.' Accessed on 5 November 2019 at www.sportingnews.com/au/other-sports/news/perfectionist-williams-her-harshest-critic/qm74i82ukfre1ce4jczwgm671.

Squires, G. (2001) 'Using cognitive behavioural psychology with groups of pupils to improve self-control of behaviour.' *Educational Psychology in Practice 17*, 4, 317–335.

Starley, D. (2018) 'Perfectionism: A challenging but worthwhile research area for educational psychology.' *Educational Psychology in Practice 35*, 2, 121–146.

Steele, A.L., Waite, S., Egan, S.J., Finnigan, J., Handley, A. and Wade, T.D. (2013) 'Psycho-education and group cognitive-behavioural therapy for clinical perfectionism: A case-series evaluation.' *Behavioural and Cognitive Psychotherapy 41*, 2, 129–143.

Stoeber, J. (1998) 'The Frost Multidimensional Perfectionism Scale revisited: More perfect with four (instead of six) dimensions.' *Personality and Individual Differences 24*, 481–491.

Stoeber, J. and Damian, L.E. (2014) 'The Clinical Perfectionism Questionnaire: Further evidence for two factors capturing perfectionistic strivings and concerns.' *Personality and Individual Differences 61–62*, 38–42

Stoeber, J. and Eysenck, M.W. (2008) 'Perfectionism and efficiency: Accuracy, response bias, and invested time in proof-reading performance.' *Journal of Research in Personality 42*, 6, 1673–1678.

Stoll, O., Lau, A. and Stoeber, J. (2008) 'Perfectionism and performance in a new basketball training task: Does striving for perfection enhance or undermine performance?' *Psychology of Sport and Exercise 9*, 5, 620–629.

Stornelli, D., Flett, G.L. and Hewitt, P.L. (2009) 'Perfectionism, achievement, and affect in children: A comparison of students from gifted, arts, and regular programs.' *Canadian Journal of School Psychology 24*, 4, 267–283.

Study.com (2019) 'Good careers for perfectionists.' Accessed on 5 November 2019 at www.study.com/articles/good_careers_for_perfectionists.html.

Szymanski, J. (2011) *The Perfectionist's Handbook*. Hoboken, NJ: John Wiley and Sons Inc.

Thorpe, E. and Nettelbeck. T. (2014) 'Testing if healthy perfectionism enhances academic achievement in Australian secondary school students.' *Journal of Educational and Developmental Psychology 4*, 2, 1–9.

Times, The (2015) 'Youth betrayed.' Accessed on 20 February 2015 at www.thetimes.co.uk/tto/opinion/leaders/article4359634.ece.

Törnblom, A.W., Werbart, A. and Rydelius, P.A. (2013) 'Shame behind the masks: The parents' perspective on their sons' suicide.' *Archives of Suicide Research 17*, 3, 242–261.

Tracy, J.L. and Robins, R.W. (2004) 'Putting the self into self-conscious emotions: A theoretical model.' *Psychological Inquiry 15*, 103–125.

Triggle, N. (2015) 'Child mental health faces "complex and severe" problems.' Accessed on 20 February 2015 at www.bbc.co.uk/news.health-31543213.

Udorie, J.E. (2015) 'Social media is harming the mental health of teenagers. The state has to act.' Accessed on 16 November 2015 at www.theguardian.com/commentisfree/2015/sep/16/social-media-mental-health-teenagers-government-pshe-lessons.

van Hanswijck de Jonge, L. and Waller, G. (2003) 'Perfectionism levels in African-American and Caucasian adolescents.' *Personality and Individual Differences 34*, 8, 1447–1451.

Wang, K.T., Yuen, M. and Slaney, R.B. (2009) 'Perfectionism, depression, loneliness, and life satisfaction: A study of high school students in Hong Kong.' *The Counseling Psychologist 37*, 249–274.

Weisinger, H. and Lobsenz, N.M. (1981) *Nobody's Perfect: How to Give Criticism and Get Results*. Los Angeles, CA: Stratford Press.

Whitney, J., Easter, A. and Tchanturia, K. (2008) 'Service users' feedback on cognitive training in the treatment of anorexia nervosa: A qualitative study.' *International Journal of Eating Disorder 41*, 6, 542–550.

Whitworth, D. (2015) 'Schools "struggling to cope" with students self-harming.' Accessed on 20 February 2015 at www.bbc.co.uk/newsbeat/30695657.

World Health Organisation (2019) 'Suicide.' Accessed on 5 November 2019 at www.who.int/en/news-room/fact-sheets/detail/suicide.

Winnicott, D. (1953) 'Transitional objects and transitional phenomena – a study of the first not-me possession.' *International Journal of Psycho-Analysis 34*, 88–97.

Yerkes, R.M. and Dodson, J.D. (1908) 'The relation of strength of stimulus to rapidity of habit-formation.' *Journal of Comparative Neurology and Psychology 18,* 5, 459–482.

Zhang, B. and Cai, T. (2012) 'Coping styles and self-esteem as mediators of the perfectionism-depression relationship among Chinese undergraduates.' *Social Behavior and Personality: An International Journal 40*, 157–168.

Zousel, M.L., Rule, A.C. and Logan, S.R. (2013) 'Teaching primary grade students perfectionism through cartoons compared to bibliotherapy.' *International Electronic Journal of Elementary Education 5*, 2, 199–218.

延伸阅读

对于希望了解更多关于该主题和相关领域内容的读者，我推荐以下书籍：

- Brené Brown (2012) *Daring Greatly*. London: Penguin.

- Tal Ben-Shahar (2008) *Happier*. Berkshire: McGraw-Hill.

- Elizabeth Day (2019) *How to Fail*. London: 4th Estate.

- Jill L. Adelson & Hope E. Wilson (2009) *Letting Go of Perfect: Overcoming Perfectionism in Kids*. Waco, TX: Prufrock Press Inc.

- Carol Dweck (2006) *Mindset: The New Psychology of Success*. New York: Random House.

- Roz Shafran, Sarah Egan & Tracey Wade (2010) *Overcoming Perfectionism: A Self-Help Guide Using Cognitive-Behavioural Techniques*. London: Robinson.

- Pavel Somov (2010) *Present Perfect: A Mindfulness Approach*. Oakland, CA: New Harbinger Publications, Inc.

- Brené Brown (2010) *The Gifts of Imperfection*. Minnesota, MN: Hazelden.

- Tal Ben-Shahar (2009) *The Pursuit of Perfect*. Berkshire: McGraw-Hill.

- Thomas S. Greenspon (2007) *What to Do When Good Enough Isn't Good Enough*. Minneapolis, MN: Free Spirit Publishing Inc.

挑战完美主义：优化青少年成长的心理指导手册

- Martin M. Antony & Richard P. Swinson (2008) *When Perfect Isn't Good Enough*. Oakland, CA: New Harbinger Publications, Inc.

译后记

　　翻译本身是一个与作者深层次对话的过程。这个过程不仅是语言的切换，更是精神的交融。在翻译《挑战完美主义：优化青少年成长的心理指导手册》这本书前，"完美"和"极致"是我用来鼓励学生和孩子的常用语。而经过为期一年与本书作者的"心灵交流"，"完美主义"在我心中不再"完美"，而无限接近完美的过程，让人生变得丰富和足够好。

　　本书既有关于完美主义的最新研究，又有针对青少年教育工作者、家长和学生的操作策略，还有学校的实际案例。理论和实践的结合，让一线的心理健康教育工作者对于完美主义不仅知其然，而且知其所以然，并探索积极改变的方法。

　　此外，作者在本书中提及的对于完美主义认知的几个公式让我印象深刻："自我价值＝不惜一切代价取得成就"，"没有取得成就＝我一文不值"，在现实生活中，这些认知及其潜在风险却常常容易被忽视。社会、学校、家庭需要更多地了解高完美主义倾向对青少年的学业发展和身心健康可能造成的危害。自我价值不是不惜一切代价取得成就，没有取得成就也并不是一文不值。生命绽放，万物皆美，各美其美，美美与共。

　　本书翻译是我与林磊、谌誉和诗雯四人通力合作的成果。和作者一样，我们也不具备翻译本书的完美条件：有充足的时间，没有干扰，有高超的翻译技巧，等等。但是，我们抛开对"完美主义"的执念，努力达到翻译的"最优主义"，基于彼此的默契和深耕，最终使本书的翻译工作顺利完成。在翻译过程中，我们反复讨论，最终统一了各种术语的翻译。林磊、谌誉和诗雯都是上海中医药大学心理健康与发展中心的专职教师，她们翻译了本书的前六章。她们不但精于业务，还积极探索具有中华优秀传统文化特色的大学生心理健康教育本土化的方法包。本书的内容对于大学生心理健康教育工作也有诸多启示。

译稿还得到了华东师范大学出版社白锋宇编辑的不断"打磨"——一本有价值的书一定出自一位眼光犀利、追求卓越的好编辑之手。本书的翻译还有诸多不"完美"之处，希望得到大家的批评指正。

成　琳

2023年8月18日

青少年心理图书推荐

看见 看不见
高中生心理解忧杂货铺

心事大侦探
初中生心理解忧杂货铺

奇妙心之旅
小学生心理解忧杂货铺

对话青春期
父母、教师和青少年生存手册

家长的思维模式
儿童成长型思维模式的培养策略

脑力觉醒
人脑天生爱学习

改变思维，拥抱成长
调节青少年压力与情绪的心理学策略